MEU PRIMEIRO DICIONÁRIO Caldas Aulete
Infantil Ilustrado

2ª edição

Lexikon

MEU PRIMEIRO DICIONÁRIO CALDAS AULETE: INFANTIL ILUSTRADO

Conselho editorial dos dicionários Caldas Aulete
Evanildo Cavalcante Bechara
João Antônio de Moraes
Paulo Geiger
Amir Geiger

Editor Responsável	**Projeto gráfico original**	**Revisão**
Paulo Geiger	*Lian Wu, Ligia Barreto*	*Cláudia Cantarin, Margô Negro*
Criação e desenvolvimento	**Produção editorial**	**Diagramação**
Amir Geiger, Vitoria Davies	*Sonia Hey*	*Nathanael Souza*
Colaboração	**Ilustrações**	**Capa**
Luiza Leite	*Thais Linhares, Sandro Dinarte*	*Luis Saguar*

1ª edição – 2005

© 2018, by Lexikon Editora Digital Ltda.

Todos os direitos reservados. Nenhuma parte desta obra pode ser apropriada e estocada em sistema de banco de dados ou processo similar, em qualquer forma ou meio, seja eletrônico, de fotocópia, gravação etc., sem a permissão dos detentores dos copyrights.

Rua Luís Câmara, 280 – Ramos
21031-175 Rio de Janeiro – RJ
Tel.: (21) 2560 2601 / 2221 8740
www.lexikon.com.br – sac@lexikon.com.br

Este livro foi impresso na Araguaia Indústria Gráfica e Editora em 2018.

CIP-BRASIL. CATALOGAÇÃO NA PUBLICAÇÃO
SINDICATO NACIONAL DOS EDITORES DE LIVROS, RJ

M557
2. ed.

    Meu primeiro dicionário Caldas Aulete : infantil ilustrado / [editor Paulo Geiger]. - 2. ed. - Rio de Janeiro : Lexikon, 2018.
    264 p. : il. ; 24 cm.

    ISBN 978-85-8300-109-6

    1. Língua portuguesa - Dicionários infantojuvenis.
I. Geiger, Paulo.

CDD: 469.3
CDU: 811.134.3(81)(038)

Aos pais e educadores

Este dicionário se dirige a crianças em fase de alfabetização. Foi concebido e elaborado para servir como introdução a obras de referência – mais especificamente aos dicionários e ao uso destes como ferramenta diária para o estudo e o aprendizado. Eis uma exposição breve das características desta obra e dos princípios que orientaram a sua realização.

O *Meu Primeiro Dicionário Caldas Aulete* tem 1.382 verbetes. Esse número é bem significativo, em relação ao vocabulário básico de crianças entre 6 e 8 anos de idade. É suficientemente extenso para incluir palavras variadas quanto à categoria gramatical (substantivos, adjetivos, verbos, advérbios, preposições e algumas locuções) e quanto ao uso e aos contextos de uso, na experiência das crianças (o corpo humano, alimentos, animais, objetos de uso diário, atividades e jogos, a escola, fenômenos naturais, sensações e sentimentos...). Ao mesmo tempo, por não ser um número muito grande de verbetes (comparado ao universo dos dicionários escolares para crianças mais velhas), não sobrecarrega o livro, permite que este seja fácil de manusear e de ler e que tenha riqueza de ilustrações.

Crianças dessa faixa etária e desse nível escolar têm acesso a um vasto vocabulário (muito aumentado pela leitura, que elas estão em vias de adquirir), que pode alcançar muitas centenas de palavras. Mas a função deste dicionário não é abarcar uma extensa parte do vocabulário infantil e ensinar palavras "difíceis". Ele visa a possibilitar um modo novo de aquisição de conhecimentos e de estabelecimento de vínculos entre a língua falada e a escrita. Seu objetivo é servir como um mediador (entre outros) do letramento, do conhecimento do mundo através das palavras, inserindo-se na experiência e descoberta da língua escrita. Ele traz a oportunidade de familiarização com o alfabeto, com a ordem alfabética e com a lógica da pesquisa.

A criança perceberá, nos verbetes sobre palavras que já fazem parte de seu universo usual, uma outra forma de organização das informações.

Obviamente, novas palavras poderão ser aprendidas, assim como novos significados e informações suplementares – o que enriquecerá esse processo. Mas o importante é que a obra ajudará a criança a dar o passo fundamental, o de construir e consolidar a competência da leitura e, com ela, desenvolver uma consciência semântica: as palavras têm significados que são abordáveis com *outras palavras*. Nesse momento do desenvolvimento infantil, a ênfase no estabelecimento de relações é mais importante do que definições precisas ou exaustivas.

Os verbetes estão redigidos de modo suficientemente informal, próximo do registro coloquial das crianças – sem tom professoral, mas igualmente sem prejuízo da correção gramatical. O formato, as mais de 800 ilustrações e o texto, a simplicidade da redação e a riqueza dos exemplos tornam os verbetes acessíveis à compreensão espontânea da criança que ensaia os primeiros passos da leitura. As palavras usadas nas definições foram cuidadosamente escolhidas. Embora algumas não constem como verbetes, conforme a prática usual em dicionários de nível mais avançado, o contexto sempre permite sua compreensão. As definições não buscam ser exatas, "precisas" (o que seria difícil sem o uso de conceitos e palavras fora do âmbito da compreensão no nível aqui visado), mas sim decodificáveis no linguajar das crianças.

Há outras dimensões que podem, e devem, ser exploradas com alguma orientação dos pais e dos educadores. Os verbetes também contêm elementos que estarão presentes, de modo mais sistemático e aprofundado, em dicionários mais avançados: sinônimos e antônimos, remissões, pronúncia, flexões. Mas essas informações estão inseridas de forma facilmente assimilável, sem dificultar a leitura – e servirão como preparação para o contato com dicionários mais formais.

Meu Primeiro Dicionário Caldas Aulete

Num dicionário, as palavras aparecem em ordem alfabética – que é a ordem em que dizemos o alfabeto.

> **Alfabeto maiúsculo:**
> A, B, C, D, E, F, G, H, I, J, K, L, M, N, O, P, Q, R, S, T, U, V, W, X, Y, Z.
>
> **Alfabeto minúsculo:**
> a, b, c, d, e, f, g, h, i, j, k, l, m, n, o, p, q, r, s, t, u, v, w, x, y, z.

Primeiro aparecem todas as palavras que começam com a letra A, depois as que começam com a letra B, depois as que começam com C, e vai indo assim até a letra Z.

Mas, como existem muitas palavras com a letra A (abacaxi, abóbora, abraçar...), precisamos ver qual é a letra que vem depois de A, e a depois dessa, e assim por diante, para saber onde encontrar cada palavra. As palavras abacaxi, abóbora, abraçar começam com ab, mas a letra depois de ab em abacaxi é a, em abóbora é o, em abraçar é r. Se você olhar a ordem das letras de A a Z logo acima, vai ver que a vem antes de o, e que o vem antes de r. Então, no dicionário, primeiro aparece a palavra abacaxi, depois abóbora, e depois abraçar.

Ao lado de cada palavra da lista, você vai ver a mesma palavra dividida em sílabas: *a-ba-ca-xi*. Só depois é que é contado tudo sobre a palavra.

Os sons das letras

Antes de ler e escrever as palavras, e de procurá-las no dicionário, é bom lembrar que algumas letras não têm sempre o mesmo som.

A letra **C** pode ter mais de um som:

1. Quando aparece antes de a, o, u, e antes de l ou r (e algumas outras letras), a letra c tem o som do q: cabra, cobra, curvo; claro, cru.

2. Quando aparece antes de e, e antes de i, a letra c tem o som do s: cedo, cinema.

3. As letras ch têm, juntas, um som diferente: chão, encher.

Às vezes, a letra c é escrita com um sinalzinho embaixo, assim: ç. Chamamos essa letra de cê-cedilha. O ç tem som de s e nunca aparece no início de uma palavra: almoço, onça.

A letra **G** pode ter mais de um som:

1. Antes de e ou de i: gelo, viagem, girafa, relógio.

2. Antes de a, o, u, e antes de l ou r (e algumas outras letras): gato, gostar, guloso, guaraná, gritar, globo (um globo é como uma bola).

Quando escrevemos gue e gui, o g tem sempre som como em *gato* e a letra u às vezes tem som (como em aguentar, linguinha) e às vezes não tem som (como em pingue-pongue, guitarra).

A letra **H** não tem um som que seja só dela:

1. Quando é a primeira letra da palavra, o h não tem nenhum som: habitante, hélice, história, hoje, humano.

2. Ch escritos assim, juntos, têm só um som: achar, chuva, bicho.

3. Lh, escritos assim, juntos, têm outro som: bolha, milho.

4. Nh escritos assim, juntos, têm outro som, diferente: amanhã, banho.

A letra **K** quase não é usada em português, mas teria o som de qu antes de e e de i, e de c nos outros casos.

Quando o **L** está ao lado do h, eles têm, juntos, um som diferente: folha, molhado.

Quando o **N** está ao lado do h, eles têm, juntos, um som diferente: desenho, unha.

A letra **Q** vem sempre depois dela a letra u.

1. Quando escrevemos qua falamos de um jeito: quadrado, quase.

2. Quando escrevemos que ou qui, às vezes falamos de um jeito no qual a letra u tem som (como em cinquenta, tranquilo) e às vezes de outro jeito, e a letra u não tem som: quebrar, quinta-feira.

A letra **R** pode ter mais de um som:

1. No início da palavra, o r tem um som forte: rato, relógio, rio, roda, rua.

2. O r tem um som fraco, em palavras como agora, branco, cadeira, princesa, xadrez.

Às vezes, usamos dois rr assim, juntos, no meio da palavra: barriga, carro, terra.

A letra **S** pode ter mais de um som:

1. No início da palavra, o s tem um som: sal, semana, sinal, som, subir.

2. O s tem outro som (igual ao da letra z) em palavras como blusa, casa, coisa.

Às vezes, usamos dois ss assim, juntos, no meio da palavra: passar, tosse, assinar, professora.

A letra **U** às vezes não tem som:

1. Quando escrevemos gue ou gui: fogueira, guitarra.

2. Quando escrevemos que ou qui: quente, quieto.

Mas em algumas palavras o u das sílabas gue, gui, que ou qui tem som como em aguentar, pinguim, tranquilo.

.. 7 ..

O X não tem sempre o mesmo som:

1. Às vezes tem o som igual ao som do ch: xadrez, xícara, enxada.

2. Em algumas palavras, o x tem o som igual ao do z: exatamente, exercício.

3. Em outras palavras, o x também pode ter som de cs: tórax (tórax é outro nome para o peito da gente).

4. Às vezes o x tem também o som de s: texto, sexta-feira.

5. E também o som de ss: máximo.

As letras W e Y só se usam em palavras estrangeiras, com o som que teriam nas línguas a que pertencem essas palavras.

abacaxi | aberto

abacaxi *a-ba-ca-xi*

O abacaxi é uma fruta de casca áspera, e de gosto doce quando bem maduro.

abecedário *a-be-ce-dá-ri-o*

O abecedário é o grupo de letras que usamos para escrever as palavras. Vai de A a Z. [É também chamado de alfabeto.]

abelha
a-be-lha

A abelha é um inseto. As abelhas fabricam mel e cera e vivem em colmeias.

aberto *a-ber-to*

Quando alguma coisa está aberta, a gente pode colocar ou tirar coisas de dentro dela, ou as pessoas e os animais podem entrar ou passar por ela. A mala estava aberta e o gato se deitou dentro dela. [O contrário de aberto é FECHADO.]

abóbora | acender

abóbora *a-bó-bo-ra*

A abóbora é um legume amarelo-avermelhado por fora e por dentro, e de gosto doce. [É também chamada de jerimum.]

abobrinha *a-bo-bri-nha*

A abobrinha é um tipo de abóbora, mas tem a casca esverdeada e não é doce.

abraçar *a-bra-çar*

Quando você abraça uma pessoa, você põe seus braços em volta dela e a aperta com carinho.

abril *a-bril*

Abril é um dos doze meses do ano. Tem 30 dias e vem depois de março. pág. 261

acabar *a-ca-bar*

Quando você acaba alguma coisa, ou quando alguma coisa acaba, quer dizer que chegou ao fim. Acabei a lição. Acabaram todos os bombons?

açaí *a-ça-í*

1 O açaí é uma palmeira da Amazônia e a fruta que ela dá.
2 A papa feita com essa fruta também se chama açaí.

acender *a-cen-der*

1 Se você acende a luz, a lâmpada, você aperta ou gira o botão que faz a eletricidade funcionar e trazer claridade a um lugar.
2 Se você acende um fósforo, uma vela, uma fogueira, você põe fogo neles e aparece uma chama.

acento a-cen-to

Acento é um sinal que se põe em cima de algumas letras (*a, e, i, o, u*) para mostrar como é o som delas na hora de falar a palavra. O **acento agudo** (´) aparece em palavras como cajá, boné, açaí, pó, música. O **acento circunflexo** (^) aparece em palavras como lâmpada, você, pôr. O **til** (~) é colocado em cima das letras *a* e *o* para mostrar que a voz deve sair também um pouco pelo nariz: mãe, aviões.

acertar a-cer-tar

1 Quando você acerta uma resposta, você dá a resposta certa, você não erra.
A professora perguntou se a palavra BONÉ levava acento, e eu **acertei**: eu disse que sim.
2 Acertar também quer dizer jogar uma bola ou outra coisa, e ela bater em alguém ou em alguma coisa.
Meu irmão, sem querer, **acertou** a bola no vidro da janela.

achar a-char

1 Se você acha alguém ou alguma coisa, você descobre onde eles estão depois de procurar por um tempo.
Achei minha caneta debaixo da cama.
2 Você também pode usar a palavra achar para dizer o que pensa de alguém ou de alguma coisa.
Todo mundo **acha** a Joana muito legal.

acidente a-ci-den-te

Um acidente é uma coisa ruim que acontece de repente, sem a gente esperar, e que pode machucar as pessoas, destruir coisas e até causar morte. Por exemplo, quando uma pessoa escorrega e cai, ou quando um carro bate em outro.

acontecer a-con-te-cer

Quando uma coisa acontece com uma pessoa, ou em algum lugar, ela passa a ser parte da história dessa pessoa ou desse lugar. A Copa do Mundo de futebol acontece de quatro em quatro anos.

acordar a-cor-dar

Se você acorda uma pessoa, ou se ela acorda sem ninguém a chamar, o sono dela acaba e ela para de dormir.

acreditar a-cre-di-tar

1 Se você acredita numa pessoa, ou acredita nas coisas que ela diz, você acha que tudo o que ela diz é verdade.
2 Se você acredita em coisas como fada, bicho-papão, mágica, você acha que eles existem ou acontecem de verdade. Eu e meus irmãos acreditamos em Papai Noel.

acrobata a-cro-ba-ta

Acrobata é a pessoa que se apresenta num circo fazendo coisas difíceis com o corpo, como se equilibrar em cima de uma corda ou fazer ginástica num trapézio.

açúcar a-çú-car

Açúcar é um pó branco e doce que se tira do suco de plantas como a cana-de-açúcar e a beterraba, e que usamos em bolos, sobremesas e bebidas para dar um gosto doce.

adeus a-deus

Você diz adeus para alguém quando você ou ele estão indo embora. É um jeito de se despedir.

adiantado a-di-an-ta-do

1 Se um relógio está adiantado, ele mostra uma hora que é mais tarde do que

adivinhar | adulto

a hora certa. Por exemplo, quando são 3 horas e o relógio marca 3 horas e 10 minutos.
2 Quando a gente faz alguma coisa antes da hora ou do dia marcado, a gente está adiantada.
3 Se um aluno está adiantado, ele sabe mais coisas do que outros alunos. [O contrário de adiantado é ATRASADO.]

adorar a-do-rar
Se você adora uma pessoa, um animal ou uma coisa, você gosta muito deles. Às vezes a gente também adora fazer certas coisas. Eu adoro nosso cachorro e adoro dar banho nele.

adivinhar a-di-vi-nhar
Quando você adivinha, você não sabe a resposta certa, mas a imagina e acerta.

adormecer a-dor-me-cer
Quando você adormece, você começa a dormir e a sonhar.

adulto a-dul-to
Adulto é uma pessoa que já cresceu, que não é mais criança nem adolescente. Por exemplo, os seus pais são adultos.

adolescente a-do-les-cen-te
Adolescente é alguém que não é mais criança, mas que ainda não é um adulto. Tem entre 12 e 18 anos.

aeroporto | agasalho

aeroporto a-e-ro-por-to
Um aeroporto é o lugar aonde os aviões chegam, e de onde partem, trazendo e levando pessoas e coisas.

afilhada, afilhado a-fi-lha-da, a-fi-lha-do
Se você é a afilhada ou o afilhado de uma pessoa, essa pessoa é sua madrinha ou padrinho e foi escolhida pelos seus pais para ajudá-lo você se você precisar.

afogar a-fo-gar
Quando uma pessoa se afoga, ela fica muito tempo debaixo da água sem conseguir respirar. Ontem o mar estava bravo e um menino quase se afogou.

afundar a-fun-dar
Se alguma coisa afunda, ela vai para o fundo da água – no mar, no rio, na piscina.

agachar a-ga-char
Quando você se agacha, você abaixa o corpo até quase o chão, com as pernas dobradas, e se equilibra nos pés.

agarrar a-gar-rar
Quando você agarra alguma coisa ou alguém, você os pega ou segura com força. O goleiro agarrou a bola. [O contrário de agarrar é SOLTAR.]

agasalho a-ga-sa-lho
Um agasalho é qualquer roupa que você usa para se proteger do frio, como um gorro, um cachecol, um casaco.

agenda | água-viva

agenda a-gen-da

Agenda é um caderno com espaço para cada dia do ano, onde você escreve o que tem que fazer em cada dia, ou as coisas que aconteceram, ou onde marca o dia do aniversário das pessoas que conhece.

agitado a-gi-ta-do

1 Quando uma pessoa está agitada, ela não para quieta.
2 Quando o seu dia é agitado, ele é muito cheio de coisas para fazer. [O contrário de agitado é CALMO.]

agora a-go-ra

1 Quando você diz "**Agora** estou desenhando um barco", você está fazendo o desenho naquele instante, ao mesmo tempo que fala a palavra agora.
2 Mas quando você diz: "**Agora** vou escovar meus dentes", esse agora é um pouco diferente, porque você vai escovar os seus dentes logo depois de falar a palavra agora.

agosto a-gos-to

Agosto é um dos doze meses do ano. Tem 31 dias e vem depois de julho. 🔍 pág. 261

agradecer a-gra-de-cer

Você agradece quando uma pessoa lhe faz um favor ou lhe dá uma coisa boa. Você pode agradecer dizendo "obrigado" (meninos) ou "obrigada" (meninas).

água á-gua

A água é um líquido transparente. Cai das nuvens como chuva e forma os rios, os lagos e os mares. Nas plantas e no corpo das pessoas e dos animais também tem bastante água. O suor é água que sai do nosso corpo. Sentimos sede quando nosso corpo precisa de água.

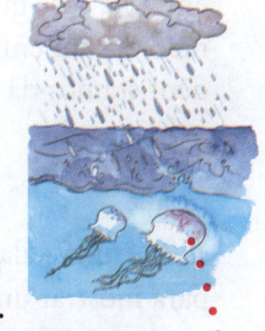

água-viva á-gua-vi-va

A água-viva é um animal que

agulha | aldeia

vive no mar. Ela queima a nossa pele, se encostamos nela.

agulha *a-gu-lha*

1 Agulha é um objeto que se usa para costurar. Parece um palito de metal, tem uma das pontas fina e um furinho na outra ponta, por onde enfiamos a linha.
2 Agulha é também o nome da parte fina e pontuda que entra na pele quando um médico, um enfermeiro ou um dentista nos dá uma injeção.

aí *a-í*

1 Aí é uma palavra que serve para mostrar um lugar quase pertinho de quem fala. 🔍 pág. 257
2 Também usamos aí para continuar uma história e contar o que aconteceu depois.

aipim *a-i-pim*

Aipim é a mesma coisa que mandioca. Procure a palavra mandioca, na letra M, para saber mais e ver uma ilustração.

ajudar *a-ju-dar*

Quando você ajuda uma pessoa, você faz alguma coisa para ela ou junto com ela, porque essa pessoa não sabe fazer sozinha, ou porque fica mais fácil e mais rápido fazer com alguém.

álbum *ál-bum*

Álbum é um livro com páginas em branco onde colamos coisas de que gostamos: figurinhas, fotografias, selos.

aldeia *al-dei-a*

Aldeia é um lugar pequeno, perto do campo ou da floresta, com poucas casas, onde algumas pessoas vivem e trabalham.

alegre | algodão

alegre *a-le-gre*
A pessoa que é alegre se sente feliz com as pessoas que ela ama, com tudo o que ela tem e com tudo o que faz. Às vezes a gente também fica alegre de repente, porque alguma coisa boa aconteceu. [O contrário de alegre é TRISTE.]

alfabeto *al-fa-be-to*
O alfabeto são todas as letras que usamos para escrever as palavras, colocadas em ordem, de A a Z.

A B C D E F G H I J K L M
N O P Q R S T U V W X Y Z

A ordem das letras do alfabeto é esta:
As letras K, W e Y são usadas em muitos nomes e muitas palavras estrangeiras.

alfinete *al-fi-ne-te* 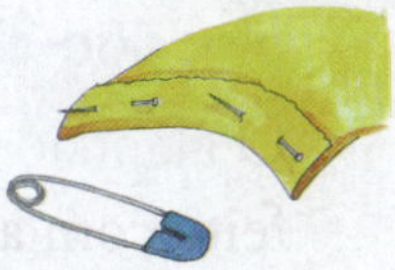
1 O alfinete é uma peça de metal curta e fina usada para prender pedaços de tecido que depois vão ser costurados.
2 Antigamente, o alfinete de fralda servia para prender a fralda do bebê.

algarismo *al-ga-ris-mo*
Os algarismos são os sinais que usamos para escrever os números. Esses sinais são: 0, 1, 2, 3, 4, 5, 6, 7, 8, 9. O número 10 tem dois algarismos: 1 e 0.

algodão *al-go-dão* 
1 Algodão é o nome dos pelos brancos e finos que ficam em volta das sementes de uma certa planta. Quando o algodão está bem seco e desinfetado, ele é usado para limpar machucados e fazer curativos.
2 O tecido feito com esses pelos também se chama algodão.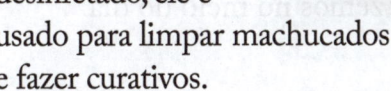

algodão-doce al-go-dão-do-ce

O algodão-doce é um doce feito com açúcar (e não com os pelos da planta do algodão!). O açúcar derretido vira fios muito finos, que parecem algodão quando endurecem.

ali a-li

Ali é uma palavra que serve para mostrar um lugar um pouco longe de quem fala.
🔍 pág. 257

alimento a-li-men-to

Alimento é tudo aquilo que a gente come ou bebe para ter saúde e força: pão, ovo, peixe, arroz, tomate, leite...

almoço al-mo-ço

O almoço é a refeição que fazemos no meio do dia.

alô a-lô

1 Você diz "alô" para uma pessoa quando você a encontra. **2** Também dizemos "alô" quando atendemos o telefone.

alto al-to

1 Uma pessoa, ou uma coisa, alta é muito comprida do chão para cima. O prédio da minha tia é alto, tem 20 andares. **2** Também dizemos que um som é alto quando ele é muito forte. Mamãe reclamou porque a música estava muito alta. [O contrário de alto é BAIXO.]

aluno a-lu-no

Um aluno ou uma aluna é a pessoa que estuda numa escola ou com um professor.

amanhã a-ma-nhã

Amanhã quer dizer "no dia que vem depois de hoje". Nossas férias começam amanhã!

amarelo | andar

amarelo *a-ma-re-lo*
O amarelo é uma cor: a cor da gema do ovo, do abacaxi.

amargo *a-mar-go*
Um gosto amargo é muito forte e nada doce, como o do café sem açúcar. Alguns remédios têm gosto muito amargo.

ambiente *am-bi-en-te*
1 O seu ambiente são as pessoas e as coisas à sua volta e os lugares aonde você costuma ir.
2 Chamamos também de ambiente, ou de meio ambiente, a natureza à nossa volta: o ar, a terra, as águas dos rios, lagos e mares, as plantas e os animais. Devemos proteger o **ambiente** e não jogar lixo no mar nem nos rios.

ambulância *am-bu-lân-ci-a*
A ambulância é um carro especial para levar pessoas doentes ou machucadas para o hospital.

amedrontar *a-me-dron-tar*
Se uma pessoa, ou alguma coisa, o amedronta, ela faz você ficar com medo.

amigo *a-mi-go*
Um amigo ou uma amiga é alguém de quem você gosta e que gosta de você, e com quem você brinca e passeia.

amor *a-mor*
Amor é o que você sente por alguém de quem você gosta muito e que é muito importante para você.

andar *an-dar*
1 Quando você anda, você se move usando as pernas, dando um passo de cada vez. Vamos andar até a praia?
2 Quando você anda de bicicleta, você pedala a bicicleta, em vez de dar passos; e quando você anda de carro ou de barco, você é

anel | aniversário

levado dentro do carro ou do barco.

3 Um andar de um edifício é cada parte dele que fica numa certa altura, ligada as outras partes por escadas ou elevador. Moramos no segundo andar.

anel *a-nel*

Anel é um enfeite que se usa em volta do dedo.

anfíbio *an-fí-bi-o*

Os anfíbios são animais que nascem e crescem dentro da água, e depois mudam de forma, ganham pernas e vão viver fora da água (mas perto dela). Sapos, rãs e pererecas são anfíbios.

sapo adulto

girino
sapinho recém-nascido

animado
a-ni-ma-do

1 Quem está animado está alegre por causa de alguma coisa boa que aconteceu ou que vai acontecer.

2 Um lugar animado ou uma festa animada estão cheios de pessoas alegres, que se divertem.

animal *a-ni-mal*

Um animal é um ser vivo, que tem vida, e que pode se mexer sozinho, para procurar comida e para fazer muitas outras coisas. Formigas, minhocas, peixes, cobras, passarinhos, cachorro, baleia são animais. As pessoas, os seres humanos, também são animais, mas são diferentes porque sabem falar.

aniversário *a-ni-ver-sá-ri-o*

1 O seu aniversário é o dia em que você fica exatamente um ano mais velho ou mais velha. É o mesmo dia do mesmo mês em que você nasceu. Por exemplo: se

você nasceu em 3 de abril, o seu aniversário é sempre, todo ano, nesse dia.
2 Aniversário também é a festa para comemorar esse dia especial. Vou convidar você para o meu aniversário.

ano a-no
Um ano é um pedaço comprido de tempo, são 12 meses. Nós contamos os anos de nossa vida de aniversário em aniversário. Mas, para todo mundo contar do mesmo jeito, resolveram que cada ano começa em 1º de janeiro e termina em 31 de dezembro.

anta an-ta
A anta é um animal bem grande, que vive nos campos e matas do Brasil.

antes an-tes
1 Antes é uma palavra para falar de um tempo que já passou. Antes, eu gostava de leite; agora, prefiro beber suco.
2 Antes também serve para falar do que acontece primeiro. Estudou antes de ir brincar.

antigo an-ti-go
1 Uma coisa antiga foi feita e existe há muito tempo, ou você a tem há muito tempo. Moramos numa casa antiga.
2 Uma coisa antiga existiu há muito tempo e não existe mais, ou já não é usada pelas pessoas.

apagar a-pa-gar
1 Apagar o fogo é não deixar que ele continue a queimar. A água apaga o fogo.
2 Apagar é também desligar. Apaguei a lâmpada e a televisão e fui dormir.
[O contrário de apagar é ACENDER.]
3 Apagar é fazer sumir o que estava escrito ou desenhado

no papel, ou o que estava gravado numa fita ou num computador.

apanhar a-pa-nhar

1 Apanhar uma coisa é segurá-la, com uma mão ou com as duas, e tirá-la do lugar.
2 Apanhar chuva é se molhar por causa dela. Apanhar sol é ficar na luz forte do sol. Apanhar frio é sair sem casaco quando está frio lá fora.

aparecer a-pa-re-cer

1 Se uma coisa que estava sumida aparece, agora você já pode vê-la, já sabe onde ela está. Minha caneta apareceu debaixo da cadeira.
2 Aparecer é também chegar e ficar por um tempo num lugar onde estão outras pessoas, como numa festa, ou para visitar alguém. Minha tia nunca mais apareceu lá em casa.
3 Quando alguém ou alguma coisa aparece, nós podemos ver a imagem deles.
Olha a foto da nossa turma; eu apareço lá no cantinho.

apartamento a-par-ta-men-to

Um apartamento é um lugar para morar dentro de um edifício. Tem um ou mais quartos, banheiro, sala e cozinha. Cada edifício tem vários apartamentos separados.

apelido a-pe-li-do

Apelido é um outro nome que dão para uma pessoa. Pode ser de brincadeira, ou para mostrar carinho, ou só porque é um nome mais fácil de dizer. Joca é o apelido do João Carlos.

apertado a-per-ta-do

1 Um nó apertado ou um laço apertado são difíceis de desamarrar.
2 Uma roupa apertada é difícil de vestir e de tirar, porque o corpo quase não cabe nela.
3 Quem está apertado para ir ao banheiro precisa muito ir ao banheiro.

apertar a-per-tar

1 Apertar é segurar ou prender uma coisa com força, usando as mãos ou os braços, ou amarrando. **Apertei** bem o laço do sapato.
2 Apertar também é fazer força em cima de uma coisa. **Aperte** o tubo para fazer sair a pasta de dentes.

3 Quando as pessoas se apertam num lugar, elas ficam bem perto umas das outras, quase sem poder andar ou se mexer.

apito a-pi-to

O apito é uma coisa que faz um barulho fino e alto quando alguém sopra para dentro dele, com força.

apontador a-pon-ta-dor

O apontador serve para cortar a ponta do lápis e fazer com que ela fique mais fina, para poder escrever melhor.

apontar a-pon-tar

1 Apontar um lápis é fazer a ponta dele ficar mais fina.
2 Quando você aponta para uma coisa, você encosta nela a ponta do seu dedo, ou estica o dedo na direção em que ela está. É um jeito de mostrar a coisa da qual você está falando.

aprender a-pren-der
Quando você aprende, fica sabendo uma coisa que não sabia antes.

aqui a-qui
Aqui é uma palavra que serve para mostrar um lugar perto de quem fala. 🔍 pág. 257

ar
O ar está em volta de todas as coisas e pessoas, mas nós não o vemos, só o sentimos na pele quando o vento sopra (o vento é o ar que se mexe). Nós respiramos o ar o tempo inteiro, porque sem ele não podemos viver.
Fora da Terra, na Lua e lá longe no espaço, não tem ar.

aranha a-ra-nha
A aranha é um animal pequeno, com oito pernas finas. Ela come insetos e outros animaizinhos. Muitas aranhas fazem teias para pegar insetos.

arara a-ra-ra
A arara é uma ave das matas do Brasil. Ela tem penas muito coloridas.

arco-íris ar-co-í-ris
O arco-íris é uma grande faixa colorida que podemos ver, às vezes, no céu, quando o Sol aparece logo depois da chuva ou junto com ela. As cores do arco-íris são: vermelho, laranja, amarelo, verde, azul, anil e violeta.

areia a-rei-a
A areia é feita de pedacinhos pequeninos de pedras. Tem areia na beira do mar, no fundo dos rios, nos desertos.

armário | arte

armário *ar-má-ri-o*

O armário serve para guardar coisas: roupas, comida etc. Ele é como uma caixa grande e bem forte, com portas.

arranhar *ar-ra-nhar*

Arranhar é machucar a pele ou estragar uma coisa passando em cima de algo pontudo ou áspero, que deixa uma marca ou um risco. O gato arranhou a mesa.

arrastar *ar-ras-tar*

1 Quando você arrasta uma coisa, você a puxa ou a empurra, sem tirá-la do chão.
2 Quando a cobra se arrasta, ela vai para a frente sempre com o corpo encostado no chão, porque não tem pés.

arroz *ar-roz*

1 O arroz é uma comida feita de grãos pequeninos que ficam macios quando cozidos com água.
2 A planta que dá esses grãos também se chama arroz.

arrumar *ar-ru-mar*

Arrumar é pôr as coisas nos lugares certos.

arte *ar-te*

1 Arte é a palavra que se usa para dizer que alguém faz uma coisa tão bem, que as outras pessoas ficam com vontade de parar para ver, ouvir ou sentir. Cozinhar com arte é preparar comidas muito gostosas e bonitas de ver.
2 Arte é também a atividade de fazer coisas bonitas para os outros gostarem. A música, a dança, a pintura, as histórias dos livros, o teatro e o cinema são tipos de arte.

artificial | assento

artificial ar-ti-fi-ci-al
Uma coisa artificial foi feita ou inventada por alguém, não apareceu pronta na natureza. A luz da lâmpada é artificial, porque a lâmpada é fabricada. [O contrário de artificial é NATURAL.]

árvore ár-vo-re
As árvores são plantas altas que têm galhos e folhas e uma parte grossa chamada tronco.

asa a-sa
1 A asa é uma parte do corpo dos pássaros, dos morcegos e de muitos insetos que os faz voar. Há aves que têm asas mas não voam, como as galinhas e os pinguins.
2 Asa também é uma parte do avião que o ajuda a voar.
3 A asa da xícara e de bules é a parte que serve para segurá-los.

áspero ás-pe-ro
Uma coisa áspera não é lisa, ela tem muitos pedacinhos mais altos e outros mais baixos que a gente pode sentir na pele. A casca do abacaxi é bastante áspera. [O contrário de áspero é LISO.]

assento as-sen-to
1 Um assento é qualquer coisa que a gente usa para se sentar. A cadeira, o banco, o sofá são assentos.
2 Assento também é a parte da cadeira ou do banco onde a gente senta. [Este assento se escreve com ss. É diferente de acento, com c.]

assinar as-si-nar

Quando você assina, você escreve seu nome, com lápis ou caneta.

assistir as-sis-tir

Assistir é ficar durante algum tempo vendo e ouvindo alguma coisa que nos mostram, ou que acontece perto da gente. Hoje, em vez de assistir à aula, vamos assistir a um filme.

assustar as-sus-tar

1 Se você assusta alguém, você dá susto nele, faz com que ele sinta medo.
2 Se você se assusta, fica de repente com medo de alguma coisa que não sabia que ia acontecer.

astronauta as-tro-nau-ta

O astronauta e a astronauta viajam para fora da Terra, pelo espaço onde estão a Lua, o Sol e os outros planetas e estrelas.

atacar a-ta-car

1 Atacar é chegar perto de alguém, ou de um bicho, e fazer alguma coisa ruim: empurrar, bater, machucar ou tirar com força o que é dele. A onça pulou e atacou o macaco.
2 Num jogo, atacar é fazer uma jogada para tentar conseguir um ponto contra o outro jogador ou o outro time. Nosso time atacou, mas não conseguiu fazer gol.

até a-té

Até é uma palavra que diz onde acaba um movimento ou um caminho, ou quando acaba um tempo, uma atividade. Corri até a porta. Dormiu até as 10 horas.

atenção a-ten-ção

1 Se você presta atenção numa coisa, ou faz uma coisa com atenção, você não fica pensando em outras coisas naquela hora.
2 Se você dá atenção a alguém, você para e ouve o que ele diz, ou tenta ajudá-lo, se ele precisa.

atividade a-ti-vi-da-de

Atividade é o que uma pessoa faz com o corpo e com o pensamento, porque quer ou porque precisa. Ter aula na escola, jogar bola, ler histórias e almoçar são atividades.

atleta a-tle-ta

Um atleta ou uma atleta é alguém que faz esporte e treina o corpo para ficar forte e ágil – não só como diversão, mas também para competir.

atletismo a-tle-tis-mo

O atletismo é um esporte. Quem faz atletismo treina para correr rápido, pular longe ou bem alto, ou jogar dardo, peso ou coisas desse tipo com força e bem longe.
🔍 pág. 259

ator a-tor

O ator e a atriz fingem que são pessoas que fazem parte de uma história. Atores e atrizes trabalham no teatro, no cinema ou na televisão.

atrás a-trás

1 Atrás quer dizer que uma coisa está na direção das nossas costas ou das costas de alguma coisa.
[O contrário de atrás é NA FRENTE ou EM FRENTE.]
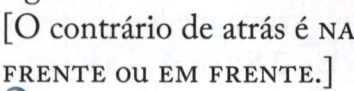
🔍 pág. 257
2 Atrás também é usado para falar quanto tempo já passou.
Cheguei cinco minutos atrás.

atrasado | automóvel

atrasado *a-tra-sa-do*
1 Uma pessoa está atrasada se chega em algum lugar depois da hora combinada, ou se faz uma coisa depois da hora certa. Dormimos até tarde e chegamos atrasados na escola.
2 Um relógio está atrasado quando mostra uma hora que já passou. [O contrário de atrasado é ADIANTADO.]

atravessar *a-tra-ves-sar*
Atravessar é ir de um lado até o outro. A ponte atravessa o rio e a menina está atravessando a ponte.

atriz *a-triz*
A atriz é como o ator – a diferença é que ela é mulher.

aula *au-la*
1 Uma aula são as coisas que alguém diz ou explica para outra pessoa aprender.
2 Na escola, aula é também o tempo em que o professor ou a professora contam ou explicam coisas que a gente precisa aprender. Hoje a aula vai ser mais curta porque vamos fazer um passeio.

aumentar *au-men-tar*
1 Quando uma coisa aumenta, ela fica maior, com mais tamanho, mais quantidade ou mais força do que antes. Minha família aumentou, nasceu meu irmão mais novo. Corremos, e nossa sede aumentou.
2 Quando você aumenta uma coisa, você faz ela crescer ou ficar mais forte. Aumenta o volume da televisão para mim?

automóvel *au-to-mó-vel*
Um automóvel é um carro que tem motor – ninguém precisa puxar nem empurrar, ele

parece ir sozinho (mas alguém precisa dirigir).

ave *a-ve*

As aves são animais que têm duas pernas, muitas penas no corpo e um bico na frente da cabeça. Passarinhos, galinhas e urubus são aves.

avenida *a-ve-ni-da*

Uma avenida é uma rua bem larga e comprida.

aventura *a-ven-tu-ra*

Uma aventura é uma coisa diferente das coisas de todo dia, que acontece com a gente ou que a gente imagina que acontece com os personagens de uma história.

avesso *a-ves-so*

O avesso é a parte de dentro da roupa. Quando a gente veste uma roupa pelo avesso, essa parte fica para fora.

avião *a-vi-ão*

O avião serve para levar pessoas e coisas pelo ar. Ele é bem pesado, mas pode voar porque tem asas e também motores fortes.

avisar | azul

avisar *a-vi-sar*

Avisar alguém é dizer a essa pessoa alguma coisa que ela precisa saber.

avó *a-vó*

As pessoas podem ter duas avós: uma avó é a mãe da mãe, outra avó é a mãe do pai.

avô *a-vô*

As pessoas podem ter dois avôs: um avô é o pai do pai, outro avô é o pai da mãe. [Quando falamos dos dois, podemos dizer os avôs ou os avós.]

azedo *a-ze-do*

O gosto azedo é parecido com o gosto do limão e do vinagre. Algumas comidas estragadas ficam azedas.

azul *a-zul*

O azul é uma cor: a cor do céu sem nuvens, quando é dia bem claro.

um lápis azul

bolinhas azuis

babá | bairro

babá *ba-bá*

A babá é a mulher que cuida de uma criança nas horas em que os pais não podem cuidar.

bacuri *ba-cu-ri*

O bacuri é uma fruta amarela por dentro, boa para fazer doces e bebidas.

bagunça *ba-gun-ça*

1 Bagunça é o que não está arrumado; um lugar está bagunçado quando as coisas não estão onde deviam estar.

2 Bagunça também é muita gente junta, conversando alto, ou fazendo barulho, correndo para lá e para cá.

bairro *bair-ro*

Um bairro é uma parte (ruas, praças etc.) de uma cidade. Um bairro tem muitas ruas.

baixo | balão

baixo *bai-xo*

1 Uma pessoa baixa tem o corpo pouco comprido.
2 Se uma coisa é baixa, a parte de cima dela não fica longe do chão quando ela está de pé.
Árvore baixa.
3 Um som baixo é um som fraco, difícil de ouvir.
[O contrário de baixo é ALTO.]

bala *ba-la*

Uma bala é um doce pequeno, meio durinho ou um pouco mole, que dá para colocar inteiro na boca.

balança *ba-lan-ça*

A balança serve para mostrar o que é pesado e o que é leve. Ela mostra o peso das coisas e das pessoas.

balançar *ba-lan-çar*

Balançar é mexer uma coisa ou se mexer, de um lado para outro, ou para a frente e para trás, como num balanço.

balanço *ba-lan-ço*

O balanço é um banquinho que fica pendurado em um suporte por cordas ou correntes. A gente senta nele para ficar balançando para lá e para cá.

balão *ba-lão*

1 Um balão é um brinquedo de papel que sobe alto no céu porque tem fogo na parte de baixo.

2 Balão também é um saco de borracha que a gente enche de ar, até ficar como uma bola muito leve. [É também chamado de bexiga.]
3 Balão também é um saco enorme, feito de pano, que fica cheio de ar quente ou de gás e sobe alto no céu. Embaixo dele, tem

balde | banda

uma cesta amarrada onde as pessoas podem viajar.

balde *bal-de*

O balde serve para carregar água e outros líquidos. Baldes pequenos também servem para brincar com água, terra ou areia.

baleia *ba-lei-a*

A baleia é um animal. que vive no mar e é muito, muito grande. Parece um peixe, mas é um mamífero, porque dá de mamar para os filhotes. Ela precisa subir de vez em quando do fundo do mar para respirar e depois mergulha de novo.

banana *ba-na-na*

A banana é uma fruta. Ela é comprida, tem uma casca bem grossa e não tem caroço.

bananeira *ba-na-nei-ra*

1 A bananeira é a planta que dá bananas.
2 Plantar bananeira é ficar de cabeça para baixo, com as mãos no chão e os pés no alto.

banco *ban-co*

1 Um banco serve para a gente sentar. O banco não é como a cadeira, porque não tem encosto para descansar as costas.
2 Existe outro banco, que é um lugar especial para guardar o dinheiro das pessoas.

banda *ban-da*

Uma banda é um grupo de pessoas que tocam vários instrumentos de música.

bandeira | barato

bandeira ban-dei-ra

Uma bandeira é um pedaço de pano colorido com ou sem figuras. As bandeiras ficam penduradas em algum lugar alto, ou num pedaço de pau, para enfeitar, para avisar ou para lembrar as pessoas de alguma coisa. Cada país tem a sua bandeira. Muitos times de futebol e escolas também têm uma.

bandido ban-di-do

Um bandido é alguém que ataca outras pessoas para pegar coisas de valor ou o dinheiro delas.

bando ban-do

Um bando é um grupo de pessoas ou de animais que andam juntos.

banheiro ba-nhei-ro

Banheiro é o lugar da casa onde a gente toma banho, faz xixi e cocô e depois lava as mãos.

banho ba-nho

1 Quando você toma banho, você lava o corpo com água e sabão. Quando você dá banho em alguém, você lava o corpo dele.
2 Quando você toma banho de mar, de rio ou de piscina, você entra na água para se divertir ou para esfriar o corpo.

barata ba-ra-ta

A barata é um inseto. Ela é marrom-escuro, e tem antenas compridas. As baratas andam muito pelos lugares sujos, no lixo das casas e das ruas.

barato ba-ra-to

Uma coisa barata custa pouco dinheiro, ou custa menos

dinheiro do que outras coisas parecidas com ela.

...

barco *bar-co*

Um barco serve para levar coisas e pessoas pela água. Há muitos tipos de barco: barco a remo, barco a vela, barco a motor.

...

barraca *bar-ra-ca*

Uma barraca é um pano mais ou menos grosso, que fica preso ao chão de um jeito que não deixa a chuva, o vento ou o Sol incomodarem as pessoas ou estragarem as coisas que estão dentro dela ou debaixo dela.

barriga *bar-ri-ga*

A barriga é uma parte do corpo. Fica abaixo do peito, entre a cintura e as coxas; nela não há ossos e dentro dela passa tudo o que a gente come e bebe.
🔍 pág. 256

...

barulho *ba-ru-lho*

Barulho é um som qualquer, diferente da voz ou da música.

...

basquete *bas-que-te*

O basquete é um jogo. Quem joga basquete tenta fazer a bola passar dentro de uma cesta aberta também em baixo e que fica presa a um lugar chamado tabela. 🔍 pág. 258

...

batata *ba-ta-ta*

A batata é um legume que cresce na terra e que a gente come depois de cozinhar.

...

bater *ba-ter*

1 Bater é encostar com força numa coisa, com as mãos ou

bateria | bebida

com outra parte do corpo, de um jeito que faz barulho ou machuca a gente. **Bater** no tambor. Eu caí e **bati** com o joelho no chão.
2 Quando uma coisa bate em outra ou na gente, ela vem ou se mexe até encostar, com ou sem força. A bola **bateu** na janela, mas não quebrou o vidro.
3 Os pássaros e muitos insetos batem as asas para voar, quer dizer, mexem as asas com força.

bateria *ba-te-ri-a*

1 A bateria é feita para guardar eletricidade dentro dela. Serve para fazer alguns aparelhos e brinquedos funcionarem.
2 Bateria também é um instrumento de música que tem muitos tambores diferentes.

baú *ba-ú*

Um baú é uma caixa ou mala grande, com tampa alta e arredondada.

bebê *be-bê*

Um bebê é uma criança bem novinha, que ainda não anda e não faz muitas coisas que as crianças mais velhas sabem fazer.

beber *be-ber*

Quando você bebe, você põe água ou outro líquido na boca e engole.

bebida *be-bi-da*

Uma bebida é qualquer líquido para a gente beber, ou que a gente prepara para beber.

beija-flor | bem

beija-flor *bei-ja-flor*

O beija-flor é um pássaro de bico comprido. Ele chupa da flor a comidinha que encontra lá dentro. Esse pássaro consegue ficar parado no ar porque bate as asas muito rápido.

beijo *bei-jo*

O beijo é um cumprimento ou um carinho que a gente faz, encostando de leve os lábios na pele de alguém.

beira *bei-ra*

1 A beira de uma coisa é o lugar onde essa coisa termina e que parece formar uma linha.
2 A beira do mar, do lago ou da piscina é o lugar até onde a água chega, é onde a gente pode, da terra, entrar na água.

beliscar *be-lis-car*

Beliscar é apertar uma coisa mole com dois dedos, às vezes puxando também. Quando você belisca a pele com força, provoca dor.

belo *be-lo*

1 Belo quer dizer bonito, ou muito bonito.
2 Belo também é um jeito de falar bem de alguma coisa que a gente acha especialmente boa, ou grande: Comeu um belo prato de arroz e feijão – quer dizer, um prato cheio, ou bem gostoso.

bem

1 Bem é uma palavra que serve para dizer que uma coisa que alguém faz é boa. Desenhar bem é fazer desenhos bonitos. Cozinhar bem é saber fazer comidas gostosas.
2 Bem também quer dizer do jeito certo, sem errar muito. Ler e escrever bem. Nosso time jogou bem.

berço | bexiga

3 Quando você está bem, ou se sente bem, você não está doente, ou não está triste.
4 Bem também quer dizer muito, bastante. Pular bem alto. Um copo bem cheio. [O contrário de bem é MAL.]

berço *ber-ço*

Um berço é uma cama pequena, para bebês e crianças bem pequenas. O berço tem grades que não deixam o bebê cair no chão.

bermuda *ber-mu-da*

A bermuda é uma roupa, uma calça que só vai até os joelhos.

berrar *ber-rar*

Berrar é fazer a voz sair muito forte, é fazer barulho com a voz.

berro *ber-ro*

1 O berro é a voz forte de alguns animais.
2 Berro também é o grito que a gente dá e que às vezes parece o de um bicho.

besouro *be-sou-ro*

O besouro é um animal, um inseto que tem duas asas finas e duas asas bem duras. Ele faz um som forte, *bzzzzz*, quando voa.

beterraba *be-ter-ra-ba*

A beterraba é um legume. É uma planta que tem raiz redonda e doce.

bexiga *be-xi-ga*

1 Bexiga é outro nome para bolas ou balões que a gente enche de ar.
2 Bexiga é o nome de uma parte do corpo

que vai ficando cheia de xixi e que a gente esvazia quando vai ao banheiro.

bezerro
be-zer-ro

O bezerro é o filhote da vaca.

biblioteca *bi-bli-o-te-ca*

1 Uma biblioteca é um lugar com muitos livros diferentes, guardados e arrumados. Nas bibliotecas, as pessoas podem sentar e ler os livros. Algumas bibliotecas emprestam livros para a gente levar e ler em casa.
2 Biblioteca também é uma coleção de livros.

bicho *bi-cho*

Bicho é qualquer animal que não é gente.

bicho-papão *bi-cho-pa-pão*

O bicho-papão é um bicho que aparece nas histórias para assustar as crianças.

bicicleta *bi-ci-cle-ta*

A bicicleta é um brinquedo e também um tipo de transporte.
A bicicleta tem duas rodas, dois pedais e um banquinho. A pessoa se senta no banquinho e empurra os pedais com os pés, fazendo as rodas girarem – assim, a bicicleta vai para a frente.

bico *bi-co*

1 O bico é a parte dura e pontuda na boca das aves.
2 Bico também pode ser o nome da parte pontuda de algumas coisas.
Bico da chaleira. Bico da mamadeira. Bico do peito.

bife • bloco

bife *bi-fe*

Um bife é um pedaço de carne de boi ou de vaca, um pouco comprido e largo, mais ou menos fino, que se come depois de fritar.

biquíni *bi-quí-ni*

O biquíni é uma roupa que as meninas e as mulheres usam para tomar banho ou nadar no mar, na piscina, no rio... O biquíni tem duas partes separadas.

bisavó *bi-sa-vó*

A bisavó de uma pessoa é cada uma das duas avós da sua mãe e cada uma das duas avós do seu pai.

bisavô *bi-sa-vô*

O bisavô de uma pessoa é cada um dos dois avôs do seu pai e cada um dos dois avôs da sua mãe.

biscoito *bis-coi-to*

Um biscoito é um alimento. Ele é feito como um bolo pequenino e bem fino, mas é mais seco e mais durinho do que o bolo. Pode ser salgado ou doce.

bisneta *bis-ne-ta*

Bisneta é a filha do neto ou da neta de uma pessoa. Uma menina é bisneta dos bisavôs e das bisavós.

bisneto *bis-ne-to*

Bisneto é o filho do neto ou da neta de uma pessoa. Um menino é bisneto dos bisavôs e das bisavós.

bloco *blo-co*

1 Bloco é um pedaço grande, ou não muito pequeno, de pedra, de madeira ou de outro material duro.
2 Bloco também são muitas folhas de papel presas de um lado.

blusa • bochechar

blusa *blu-sa*

A blusa é uma roupa para cobrir o peito, as costas, a barriga e os ombros. Ela pode ou não ter gola, mangas e botões.

bobagem *bo-ba-gem*

1 Uma bobagem é qualquer coisa errada que a gente diz ou faz quando não pensa bem ou não presta atenção, antes de dizer ou de fazer.
2 Uma bobagem é também uma coisa que não é muito importante. O lápis quebrou, mas isso é bobagem, você não precisa chorar.
3 Bobagem também pode ser uma coisa que, mesmo sendo errada ou sem importância, faz a gente rir. Essa história é uma bobagem.

boca *bo-ca*

A boca é uma parte do corpo da gente e de quase todos os animais. É por ela que o alimento entra no corpo.
🔍 pág. 256

Muitos animais têm boca com dentes, para cortar e mastigar o alimento; outros, não. Nas pessoas, a boca também serve para falar, cantar, beijar...

bocejar *bo-ce-jar*

Bocejar é, sem querer, abrir muito a boca, enquanto se respira fundo. As pessoas bocejam quando têm sono ou quando estão cansadas.

bochecha *bo-che-cha*

As bochechas são as duas partes moles do rosto da gente, uma de cada lado.
🔍 pág. 256

bochechar *bo-che-char*

Bochechar é mexer as bochechas, sem abrir a boca, enquanto há água ou outro líquido lá dentro. A gente bochecha para lavar a boca por

bode • bolha

dentro, ou depois de escovar os dentes.

....

bode *bo-de*

O bode é um animal. Não é muito grande, tem chifres na cabeça e uma barba. A fêmea do bode é a cabra, e o filhote é o cabrito.

....

boi

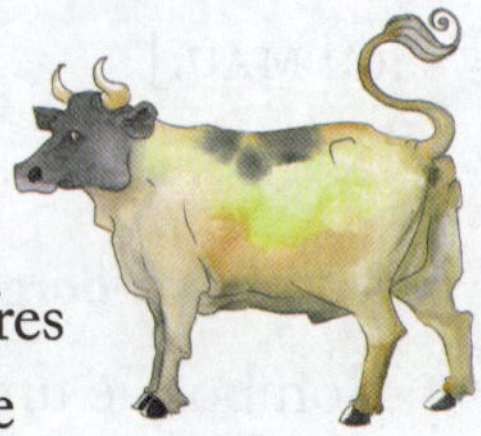

O boi é um animal. Ele é grande, tem chifres e é criado porque tem muita carne que pode servir de alimento, e também para trabalhar puxando coisas pesadas. Ele é o macho da vaca.

....

boia *boi-a*

A boia é uma coisa bem leve, que não afunda na água e serve para a gente nela se segurar e não afundar, quando não consegue boiar sozinho nem nadar.

boiar *boi-ar*

Boiar é ficar na água sem afundar, como se a água segurasse o peso da pessoa ou da coisa que está boiando.

....

bola *bo-la*

Uma bola é um objeto redondo, de plástico, de couro ou de borracha, usado em vários tipos de jogos, como futebol e pingue-pongue.

....

bolha *bo-lha*

1 As bolhas são bolinhas de ar que aparecem quando nós sopramos dentro da água.
2 Bolhas de sabão são bolas de água com sabão, cheias do ar que a gente sopra.
3 Quando a gente se queima, às vezes aparecem bolhas de água na pele.

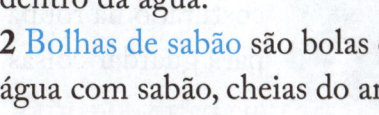

bolo • boneca

bolo bo-lo
Bolo é um tipo de comida feita com farinha, manteiga, ovos e açúcar que a gente mistura até virar uma massa e leva ao forno para assar. Ficou lindo seu bolo de aniversário!

bolsa bol-sa
Uma bolsa é um tipo de sacola onde as moças levam o dinheiro e outras coisas de que precisam quando saem de casa.

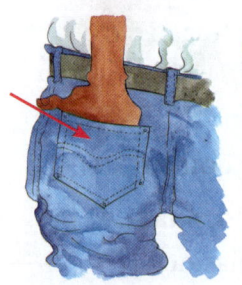

bolso bol-so
Bolso é um saquinho de pano costurado na roupa para guardar coisas.

bom
1 Um menino bom ou uma menina boa não fazem maldade com ninguém, ajudam os outros, comportam-se bem.
2 Um aluno bom e uma aluna boa são estudiosos, fazem seus deveres e tiram notas boas.
3 Um dever de casa bom é um dever sem muitos erros, ou sem erro nenhum.
4 Um filme bom é um filme gostoso de ver.
5 Um sorvete bom é um sorvete gostoso de chupar.
[O contrário de bom é RUIM ou MAU.]

bombom bom-bom
Bombom é um doce pequeno de chocolate, com ou sem recheio.

boné bo-né
Boné é um chapéu redondo, com uma aba na frente para proteger os olhos.

boneca bo-ne-ca
Uma boneca é um brinquedo que parece uma menina ou

bonito • bota

um bebê de verdade, mas em diversos tamanhos.

bonito *bo-ni-to*

1 Dizemos que uma pessoa, uma coisa ou um lugar são bonitos quando gostamos de olhar para eles. Sua irmã é muito bonita.
2 Dizemos que um som ou uma música são bonitos quando gostamos de ouvi-los.

borboleta *bor-bo-le-ta*

A borboleta é um inseto. Tem quatro asas grandes e coloridas. Quando nasce é uma lagarta. A lagarta cresce e vira borboleta.

borracha *bor-ra-cha*

1 A borracha é um material feito com o líquido branco que sai de uma árvore (a seringueira). É usada para fazer muitas coisas, como sola de sapato e pneu.
2 Usamos borracha também para apagar o que escrevemos ou desenhamos. Algumas borrachas são feitas de material que imita a borracha natural, tirada da árvore.

bosque *bos-que*

Um bosque é um lugar com muitas árvores. Parece uma floresta, mas é menor.

bota *bo-ta*

A bota é um sapato de couro, fechado, que cobre o tornozelo e uma parte da perna. Existem também botas de borracha, que se usam na chuva ou em lugares com lama.

botão • brilhar

botão bo-tão

1 Botão é o que se costura numa blusa, num vestido, para fechá-los. Num lado fica o botão, no outro tem um buraquinho, por onde o botão passa, chamado de casa.
2 Também chamamos de botão a flor que ainda não se abriu.

brabo bra-bo

Brabo quer dizer a mesma coisa que bravo. Veja a palavra bravo, saber mais.

braço bra-ço

O braço é a parte do corpo que começa no ombro e vai até a mão. pág. 256

branco bran-co

O branco é uma cor: a cor do leite, da clara do ovo. A roupa do cozinheiro é branca.

bravo bra-vo

1 Quando uma pessoa está brava, ela está zangada e com raiva.
2 Um animal bravo é aquele que pode atacar ou morder a gente.
3 Também dizemos que o mar está bravo quando tem ondas grandes e fortes.

brigar bri-gar

1 Se duas pessoas brigam, elas falam zangadas uma com a outra, e às vezes até batem uma na outra. Eu e meu irmão não gostamos de brigar.
2 Se a sua mãe briga com você, ela chama a sua atenção, com a voz zangada, por alguma coisa errada que você fez.

brilhar bri-lhar

Quando uma coisa brilha, ela espalha a luz que é dela mesma, como as estrelas, ou devolve a luz que chega até ela, como o ouro. O Sol brilha no meu quarto à tarde.

brincadeira • bumbum

brincadeira *brin-ca-dei-ra*

1 Uma brincadeira é a atividade que a gente faz quando brinca. Pode ser um jogo, uma corrida para ver quem chega primeiro, ou muitas outras coisas.
2 Quando a gente faz ou fala alguma coisa de brincadeira, não é de verdade, é só para rir. Eu falei aquilo só de brincadeira.

brincar *brin-car*

Quando você brinca, você faz alguma coisa para se divertir e rir com seus amigos.

brinquedo *brin-que-do*

Brinquedo é uma coisa que você usa para brincar. Pode ser comprado, ou um brinquedo que você mesmo faz.

brisa *bri-sa*

A brisa é um vento bem fraco.

bruços *bru-ços*

Quando a gente se deita de bruços, a barriga e o rosto ficam para baixo.

bruxa *bru-xa*

A bruxa é uma mulher com poderes mágicos. Quase sempre má, ela aparece em certas histórias para crianças. [É também chamada de feiticeira.]

bumbum *bum-bum*

O bumbum é a parte do nosso corpo que fica atrás, entre as costas e as coxas. É sobre ele que nos sentamos, por isso ele também é chamado de assento. O bumbum tem também

buraco • buscar

outros nomes: nádegas, bunda...
🔍 pág. 256

buraco bu-ra-co

1 Buraco é o vazio que fica quando você cava a terra ou a areia.
2 Qualquer furo numa coisa também é chamado de buraco.

burro bur-ro

O burro é um animal, filho de um cavalo e de uma jumenta, ou de um jumento e de uma égua. A fêmea dele é a mula, ou burra.

buscar bus-car

Se você vai buscar alguém ou alguma coisa, você vai até onde ela está e a traz com você. Vou buscar um copo de água e já volto.

cabana | cabelo

cabana ca-ba-na

Uma cabana é uma casa pequena, só com um ou dois quartos, feita de barro ou galhos de árvores e madeira.

cabeça ca-be-ça

1 A cabeça é a parte do corpo onde ficam as orelhas, os olhos, o nariz, a boca. Dentro da cabeça fica o cérebro.

🔍 pág. 256

2 Também chamamos de cabeça a parte de cima de um alfinete ou de um prego.

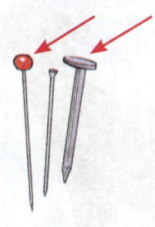

cabelo ca-be-lo

Cabelo é o conjunto de fios que nascem na pele da parte de cima da cabeça. Essa pele é chamada de COURO CABELUDO.

🔍 pág. 256

caber | cachorro

caber *ca-ber*

1 Se algumas pessoas ou coisas cabem num lugar é porque há espaço para elas. Cabem cinco pessoas no elevador.
2 Se uma roupa, ou um sapato, cabe numa pessoa é porque é do tamanho do corpo, ou do pé, dela. As suas sandálias não cabem no meu pé.

cabra *ca-bra*

A cabra é a fêmea do bode. Ela é a mãe dos filhotes, os cabritos.

cabrito *ca-bri-to*

O cabrito e a cabrita são os filhotes da cabra e do bode.

caçar *ca-çar*

Se você caça um animal selvagem, você sai à procura dele para o pegar ou matar. Há animais que também caçam outros animais para matá-los e comê-los.

cacau *ca-cau*

1 O cacau é um fruto.
2 Das sementes desse fruto é feito um pó marrom, também chamado cacau. É com esse pó que se faz chocolate.

cacho *ca-cho*

1 Um cacho de uvas ou de bananas é um conjunto de uvas ou bananas que nasceram juntas no mesmo ramo.
2 Um cacho de cabelo é um grupo de fios de cabelo, enroladinhos.

cachorro *ca-chor-ro*

O cachorro é um animal. É usado para vigiar, caçar, ou como bicho de estimação. [Também se diz cão.]

caçula | cair

caçula *ca-çu-la*

Caçula é o filho, a filha, o irmão ou a irmã que nasceu por último, que tem menos idade do que todos os outros.
Eu tenho 7 anos e minha irmã caçula tem 3 anos.

cadeira *ca-dei-ra*

A cadeira serve para a gente se sentar. Tem um encosto, onde a pessoa apoia as costas, e quatro pés.

cadela *ca-de-la*

A cadela é a fêmea do cão, do cachorro. Ela é a mãe dos filhotes.

caderno *ca-der-no*

O caderno é como um livro com folhas em branco para você escrever ou desenhar coisas nelas.

café *ca-fé*

1 O café é um fruto com duas sementes ou grãos. Esses grãos são torrados e moídos para virar um pó. Esse pó também se chama café.
2 Café também é uma bebida feita com esse pó e água quente.

café da manhã *ca-fé da ma-nhã*

O café da manhã é a refeição que fazemos quando acordamos de manhã. O que você toma ou come no café da manhã?

frutas, leite, suco, manteiga, pão, tapioca

cair *ca-ir*

Se uma pessoa ou alguma coisa cai, ela perde o equilíbrio, ou é empurrada, ou balança, e acaba,

caixa | calcinha

de repente, no chão. Quase todo mundo **cai** um pouco quando aprende a andar de bicicleta.

caixa *cai-xa*

Uma caixa é feita para guardar coisas. As caixas podem ser de papelão, de plástico, de madeira etc. Muitas caixas têm tampa.

cajá *ca-já*

O cajá é uma fruta amarela bem azeda.

caju *ca-ju*

O caju é uma fruta que tem uma noz embaixo: a castanha de caju.

calado *ca-la-do*

Se uma pessoa está calada, ela não está falando nada. Se a pessoa é sempre meio calada, ela fala pouco.

calça *cal-ça*

A calça é uma roupa que cobre cada uma das pernas.

calçada *cal-ça-da*

A calçada é um caminho ao lado da rua, por onde as pessoas devem andar para não serem atropeladas pelos carros.

calcanhar *cal-ca-nhar*

O calcanhar é a parte de trás do pé, logo abaixo do tornozelo.
🔍 pág. 256

calção *cal-ção*

O calção é um *short* que meninos e homens usam para nadar e para fazer esportes.

calcinha *cal-ci-nha*

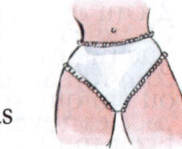

A calcinha é uma roupa que meninas e mulheres usam

52

debaixo da saia, da calça, do *short* ou do vestido.

caldo *cal-do*

1 Caldo é o líquido que tem nas frutas. [Também dizemos suco.]
2 Caldo é também o líquido feito com legumes, carne, galinha ou peixe cozidos em água.

calendário *ca-len-dá-ri-o*

O calendário é um bloco que tem escrito nas folhas os meses do ano e os dias de cada mês, assim como o dia da semana em que eles caem.

calmo *cal-mo*

1 Uma pessoa calma faz as coisas de maneira tranquila, sem agitação.
2 Um dia calmo é um dia em que poucas coisas acontecem, ou em que você não precisa fazer muitas coisas.
3 Um mar calmo é um mar sem ondas, ou com ondas muito pequeninas.
[O contrário de calmo é AGITADO.]

calor *ca-lor*

1 Calor é o que a gente sente quando o tempo está muito quente, ou quando a gente fica perto de alguma coisa quente, como uma fogueira ou um forno.
2 Também se chama calor a quentura que vem de uma fogueira ou forno quando estão acesos. [O contrário de calor é FRIO.]

cama *ca-ma*

A cama é onde a pessoa se deita para dormir ou descansar.

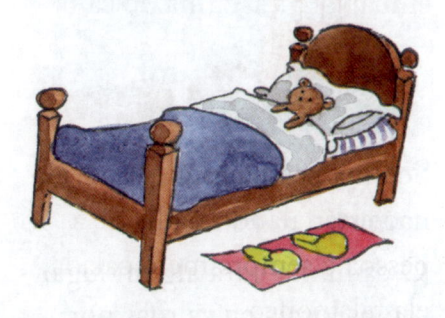

camelô | campainha

camelô *ca-me-lô*
É muito comum nas cidades ver camelôs, pessoas que ficam em algum ponto da rua e vendem todo tipo de coisas para as pessoas que passam.

caminhão *ca-mi-nhão*
O caminhão é um carro muito grande usado para carregar várias coisas ao mesmo tempo, ou coisas grandes e pesadas.

caminho *ca-mi-nho*
O caminho para algum lugar são os locais ou as ruas por onde você tem que passar para chegar até ele. Agora já sei o caminho para a escola.

camisa *ca-mi-sa*
A camisa é uma roupa que cobre a parte de cima do corpo e os braços.

gola

camiseta
ca-mi-se-ta
A camiseta é uma blusa sem gola, com ou sem mangas.

camisola
ca-mi-so-la
A camisola é uma roupa que meninas e mulheres usam para dormir.

campainha *cam-pa-i-nha*
A campainha é um botão que fica do lado de fora da porta de entrada e que você aperta

campo | canoa

para fazer soar dentro da casa a fim de que as pessoas ouçam e saibam que você chegou.

campo *cam-po*
1 O campo é um lugar longe da cidade, com aldeias, com muitas terras plantadas com verduras ou flores, com fazendas onde se criam animais. Você prefere morar no campo ou na cidade?

2 Um campo de futebol, de vôlei, de basquete é o lugar preparado especialmente para esses jogos, com chão coberto de grama, de cimento ou de madeira, com marcas e linhas no chão, com gols ou rede.

camundongo *ca-mun-don-go*
O camundongo é um tipo de rato, mas pequenino.

cana-de-açúcar *ca-na-de-a-çú-car*
A cana-de-açúcar é uma planta da qual se tira um caldo doce para beber e também para fabricar açúcar ou álcool.

caneca *ca-ne-ca*
Caneca é uma xícara grande, com uma alça.

caneta *ca-ne-ta*
Caneta é o que você usa para escrever com tinta.

canhoto *ca-nho-to*
O canhoto é aquele que escreve com a mão esquerda ou que usa a mão esquerda para fazer as coisas.

canoa *ca-no-a*
A canoa é um barco pequeno, sem motor, que a gente faz andar usando remos.

cansado can-sa-do

Quando você está cansado, você se sente sem força para fazer coisas, e quer descansar. A professora de ginástica nos faz ficar cansados.

cantar can-tar

Quando você canta, você usa a voz para fazer o som de uma música e, ao mesmo tempo, falar as palavras da música. Os passarinhos também cantam, mas só fazem o som da música.

canto can-to

1 Canto é o som musical que a voz faz quando uma pessoa ou um passarinho cantam. 
2 Canto é também o lugar onde duas paredes ou duas linhas se juntam. A nossa televisão fica no canto da sala.

cantor can-tor

Um cantor ou uma cantora é a pessoa que escolheu como trabalho cantar em festas, em shows, gravando discos, para as outras pessoas ouvirem.

canudo ca-nu-do

Canudo é um tubinho de plástico usado para tomar bebidas, chupando a bebida por ele e sem encostar a boca no copo.

cão

Cão é a mesma coisa que cachorro. Procure a palavra cachorro para saber mais e ver uma ilustração.

capa ca-pa

1 Capa é um casaco que não deixa passar água e que se

capim | carambola

usa por cima da roupa quando chove.
2 Capa é também o que cobre uma coisa para protegê-la e ela não estragar. A capa do meu caderno de português é azul.

capim *ca-pim*

O capim é uma planta parecida com a grama. É alimento das vacas, dos cavalos e de outros animais.

capítulo *ca-pí-tu-lo*

Os capítulos de um livro ou de uma novela são as diferentes partes da história. O professor leu o primeiro capítulo do livro para nós.

caqui *ca-qui*

O caqui é uma fruta muito doce e de casca fina.

cara *ca-ra*

1 Cara é outro nome para rosto. Pode ser também o jeito do rosto, quando ele fica diferente. Você pode fazer cara de zangado, de triste, de alegre, de assustado...
2 Cara também é um dos lados da moeda, onde tem a figura de uma cabeça ou de um rosto. O outro lado é a coroa.
3 Cara ou coroa é a brincadeira de adivinhar qual lado da moeda vai ficar para cima, quando ela cair.

caracol *ca-ra-col*

Os caracóis são animais que vivem em conchas, que levam às costas.

carambola *ca-ram-bo-la*

A carambola é uma fruta amarela, com cinco gomos.

caranguejo | carregador

caranguejo
ca-ran-gue-jo

O caranguejo é um animal com casca dura e dez patas. Ele vive na terra ou na água.

careta *ca-re-ta*

Quando uma pessoa faz uma careta, ela mexe o rosto de uma maneira engraçada ou estranha, para as pessoas rirem, ou para implicar com alguém, ou porque ela não gostou de alguma coisa.

carnaval *car-na-val*

O carnaval é uma festa que acontece algumas semanas antes da Páscoa. No carnaval, muitas pessoas gostam de se fantasiar e de cantar e dançar nas ruas.

carne *car-ne*

Carne é a parte macia que fica entre os ossos e a pele do corpo de uma pessoa e de certos animais. A carne de alguns animais, como vaca, peixe e galinha, serve de alimento para as pessoas.

carneiro
car-nei-ro

O carneiro é um animal coberto por um pelo grosso e encaracolado: a lã. Com ela se fazem roupas para o frio. A fêmea do carneiro é a ovelha.

caro *ca-ro*

Uma coisa cara custa muito dinheiro. O morango é uma fruta cara. [O contrário de caro é BARATO.]

caroço *ca-ro-ço*

Caroço é a semente de certas frutas.

caroço

carregador *car-re-ga-dor*

1 Trabalhador que tem a profissão de carregar malas e bagagens de passageiros em aeroporto, estação de trem etc.

·· 58 ··

2 Carregador também é o aparelho que transfere eletricidade (de uma tomada na parede, por exemplo) para um aparelho (celular, computador etc.), onde fica guardada e pode fazer o aparelho funcionar sem estar ligado a uma tomada.

carregar car-re-gar

Quando você carrega alguma coisa, você leva essa coisa com você para algum lugar.
É difícil carregar todos estes livros nos braços!

carro car-ro

1 Carro é um veículo com motor e rodas. O carro é usado para várias coisas: para levar e trazer gente, para passear, para servir de táxi, para carregar coisas.
2 Um carro de boi é diferente: não tem motor, só tem duas rodas, e é puxado por bois.

carta car-ta

1 Uma carta é o que a gente diz para alguém que está longe, escrevendo as palavras num papel.
2 As cartas de um baralho são pequenos cartões com uma figura e um número em cada uma. Elas são usadas para jogar vários jogos.

cartão car-tão

Um cartão é um retângulo de papel grosso com alguma coisa escrita nele, ou só com uma figura.

cartaz | castigo

cartaz *car-taz*

Um cartaz é uma folha grande de papel com algum aviso ou anúncio escrito nela, e que se pendura num lugar onde muitas pessoas possam ver.

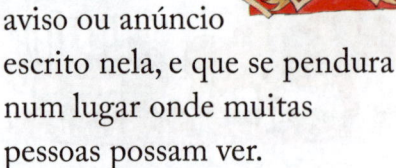

casa *ca-sa*

1 Uma casa é uma construção com chão, paredes e teto, porta e janelas, que serve para as pessoas morarem. **2** Também chamamos de casa o lugar onde a gente mora, mesmo que seja um apartamento ou uma cabana.

ALI É A MINHA CASA.

casaco *ca-sa-co*

Usamos um casaco por cima da blusa para não sentir frio.

casca *cas-ca*

A casca de uma fruta, de um ovo, de um pão é a parte mais dura ou mais grossa do lado de fora. É bom comer maçã com a casca.

casco *cas-co*

1 O casco é uma parte bem dura embaixo da pata de alguns animais, como o cavalo e o boi. **2** O casco de um navio é a parte que fica na água.

castelo *cas-te-lo*

Um castelo é uma casa muito grande, com muros altos e torres, onde viviam reis, rainhas, príncipes e princesas.

castigo *cas-ti-go*

Um castigo é o que se dá a alguém que se comportou mal.

cavalo | cedo

Quando uma criança fica de castigo, os pais ou o professor a proíbem de fazer coisas de que ela gosta, como brincar com os amigos ou ir para o recreio.

cavalo *ca-va-lo*
O cavalo é um animal. É usado para carregar pessoas ou coisas. A fêmea do cavalo é a égua.

cavalo-marinho *ca-va-lo-ma-ri-nho*
O cavalo-marinho é um peixe. Tem esse nome porque a sua cabeça se parece com a do cavalo.

cavar *ca-var*
Quando você cava, você abre um buraco na terra ou na areia.

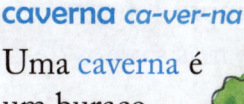

caverna *ca-ver-na*
Uma caverna é um buraco grande numa rocha ou numa montanha, cavado pela água.

CD
[Você fala essa palavra assim: CEDÊ.]
Um CD é um disco onde estão gravadas várias músicas. Para ouvir as músicas, você tem que usar um aparelho de CD.

cebola *ce-bo-la*
A cebola é uma planta usada para dar gosto à comida.

cedo *ce-do*
1 Cedo quer dizer no início da manhã ou no início da noite. Eu acordo e durmo cedo.
2 Cedo também quer dizer antes da hora marcada, ou do

horário de sempre. Chegamos **cedo** na festa, mas saímos de lá **cedo** também.
[O contrário de cedo é TARDE.]

cego *ce-go*

A pessoa que é cega não consegue ver nada, ou vê só um pouco de luzes e sombras, porque tem problema nos olhos.

celular *ce-lu-lar*

Maneira de chamar um telefone celular, que funciona sem estar ligado a um fio. Os celulares modernos fazem muitas coisas, como tirar fotografias, ligar-se à internet, gravar e transmitir mensagens, imagens e filmes etc.

cenoura *ce-nou-ra*

A cenoura é um legume que cresce debaixo da terra e que é meio doce.

centena *cen-te-na*

Uma centena é um conjunto de 100 coisas.

cera *ce-ra*

1 A cera é um material amarelado que derrete facilmente. As abelhas produzem cera. Tem ceras que são feitas de um óleo.
2 Nos ouvidos das pessoas e de certos animais também tem cera. Ela é formada na entrada do ouvido para não deixar entrar água ou sujeira na parte mais funda desse órgão.

cerca *cer-ca*

A cerca é um tipo de muro que se põe em volta de jardins e campos. Ela é feita de madeira, bambu ou arame.

cérebro | chamar

cérebro cé-re-bro
O seu cérebro fica dentro da sua cabeça. Você usa o cérebro para pensar e sentir coisas, como calor e dor. É o cérebro também que controla os movimentos que o seu corpo faz.

certo cer-to
1 Se uma coisa está certa, ela não tem erro. A professora disse que a minha resposta estava certa. [O contrário de certo é ERRADO.]
2 Se você está certo de alguma coisa, você não tem dúvida sobre ela.

cesta ces-ta
A cesta é um tipo de bolsa feita de palha ou de varas de madeira, com ou sem alça. É usada para carregar coisas.

céu
O céu é o espaço onde ficam o Sol, a Lua e as estrelas. O céu é azul durante o dia, quando não tem nuvens.

chá
O chá é uma bebida feita com água quente e folhas de certas plantas. Você já tomou chá de hortelã?

chama cha-ma
A chama é a parte mais brilhante e mais quente do fogo.

chamar cha-mar
LAURA!
1 Se você chama alguém, você diz o nome da pessoa em voz alta para ela ouvi-lo e atendê-lo.

chão | cheio

2 Se você chama alguém ou alguma coisa de certo nome, você dá esse nome a elas, ou é porque elas já têm esse nome. Vamos **chamar** nosso cachorro de Babu. A nossa gata se **chama** Zuzu.

chão

Chão é onde a gente pisa e anda, dentro de casa, na rua, no campo, na mata.

chapéu cha-péu

Chapéu é o que se usa para proteger a cabeça do Sol, do vento, do frio. É também usado só para enfeitar.

chave cha-ve

A chave serve para abrir e fechar coisas como portas, caixas, armários. Com ela é que podemos mexer na fechadura e fazê-la prender ou soltar, trancar ou destrancar.

chegar che-gar

1 Chegar a um lugar é estar nele, depois de fazer o caminho até lá.
2 Chegar também serve para dizer que é bastante, que não precisa de mais. Um copo de água **chega** para matar a minha sede.
3 Quando a gente fala "Chega!" é para dizer que não quer mais.

cheio chei-o

1 Se uma coisa está cheia, nela já não cabe mais nada, ou quase nada. Um copo **cheio** de água. Uma caixa **cheia** de papel.
2 Cheio também serve para dizer que há muitas coisas ou pessoas num lugar. O chão está **cheio** de formigas.
[O contrário de cheio é VAZIO.]

·· 64 ··

cheirar | chupar

cheirar *chei-rar*

1 Cheirar uma coisa é sentir com o nariz o cheiro dela.
2 Cheirar também é ter cheiro. Uma coisa que cheira bem tem um cheiro bom.

cheira bem

cheira mal

cheiro *chei-ro*

O cheiro é o que às vezes a gente sente com o nariz, quando puxa o ar. O cheiro da comida está bom. Não gosto do cheiro de café.

chifre *chi-fre*

O chifre é uma parte bem dura e pontuda que cresce no alto da cabeça de alguns animais, como o boi e o bode.

chocolate *cho-co-la-te*

O chocolate é um doce preparado com as sementes do cacau. Ele tem cor marrom ou branca. O chocolate amargo na verdade não é amargo, só é feito com pouco açúcar.

chorar *cho-rar*

Quando alguém chora, os olhos se enchem de lágrimas. Muitas vezes, quando a gente chora porque está triste, a respiração também fica diferente e o rosto mostra tristeza.

chover *cho-ver*

Chover é cair chuva. Quando chove, caem das nuvens pingos de água.

chuchu *chu-chu*

O chuchu é um legume.

chupar *chu-par*

1 Chupar é usar a boca para tirar o líquido que tem dentro de alguma coisa.
2 Chupar uma bala é deixá-la na boca e ir engolindo o cuspe,

chutar | cinema

que vai levando aos poucos uns pedacinhos da bala, até ela acabar.

chutar chu-tar

Chutar uma coisa é bater nela com o pé. A gente dobra a perna e depois estica rápido e com força.

chute chu-te

Um chute é um pontapé que a gente dá numa coisa, ou o movimento da perna na hora de chutar.

chuva chu-va

A chuva são os pingos de água que caem das nuvens. Eles vão caindo, muitos ao mesmo tempo.

chuveiro
chu-vei-ro

O chuveiro é todo cheio de furos, e a água que passa por ele cai em pingos, parecendo chuva.

cidade ci-da-de

Uma cidade é um lugar com ruas, praças, casas e lojas, onde vivem e trabalham muitas pessoas. Se a cidade é grande, ela tem também muitos edifícios, escritórios, fábricas, além de muitos carros e pessoas nas ruas.

cima ci-ma

Se uma coisa está em cima de outra, ela fica numa parte mais alta do que a outra. [Também se diz sobre. O contrário de em cima é EMBAIXO.]
🔍 pág. 257

cinema ci-ne-ma

1 Um cinema é um lugar onde se mostram filmes. Tem cadeiras para as pessoas se sentarem e um pano branco na frente, a tela, onde aparecem as imagens do filme.
2 Cinema também é a atividade de contar histórias em filmes. Artista de cinema.

cinto *cin-to*

1 Um cinto é uma tira de couro, de plástico ou de pano usada em volta da cintura para segurar a calça, o vestido, a saia, ou para enfeitar.
2 O cinto de segurança é uma tira que segura no lugar a pessoa que viaja sentada num carro, ônibus ou avião.

cintura *cin-tu-ra*

A cintura é uma parte do corpo, um pouco acima da barriga. É na cintura que o corpo pode se dobrar para frente ou para os lados. 🔍 pág. 256

cinza *cin-za*

1 A cinza é um pó fino, bem seco, que fica depois que a madeira, o papel ou alguma outra coisa queimaram até o fim.
2 O cinza é uma cor, a cor desse pó, mais clara que o preto e mais escura que o branco.

nuvens cinza, no céu.

circo *cir-co*

O circo é um lugar coberto por uma grande barraca, onde as pessoas podem assistir a um espetáculo com palhaços, malabaristas, animais treinados, mágicos, bailarinas.

círculo *cír-cu-lo*

Um círculo é uma figura completamente redonda. As rodas têm a forma do círculo.

cisne *cis-ne*

O cisne é um animal, uma ave. Ele nada nos lagos e tem um pescoço curvo e comprido.

claro *cla-ro*

1 Um lugar claro ou uma coisa clara são bem iluminados, recebem muita luz.
2 Uma cor clara tem nela um pouco da cor branca.

amarelo-escuro
amarelo-claro

[O contrário de claro é escuro.]
3 Claro também quer dizer que não há nenhuma dúvida, ou que uma coisa é fácil de perceber ou de entender.
A professora deu uma explicação **clara**. É **claro** que eu vou à festa!

cobra *co-bra*

A cobra é um animal. Ela tem o corpo comprido e estreito e não tem pés, por isso se arrasta pelo chão. Há cobras que são perigosas: algumas são muito compridas e fortes, outras são venenosas e mordem.

cobrir *co-brir*

Cobrir uma coisa ou uma pessoa é colocar outra coisa por cima dela, para escondê-la ou protegê-la.

coçar *co-çar*

1 Coçar é passar com força os dedos ou as unhas na pele para parar de sentir a coceira.
2 Se uma parte do corpo está coçando, quer dizer que a gente sente coceira nela.

cócegas *có-ce-gas*

1 A gente sente cócegas quando alguma coisa encosta de leve na nossa pele.
2 Fazer cócegas em alguém é tocar em alguma parte do corpo dele de um jeito que o faz ter vontade de rir e querer encolher essa parte do corpo.

coceira *co-cei-ra*

Coceira é a sensação que faz a gente querer se coçar.

coco *co-co*

O coco é um fruto grande, de casca dura e grossa, que quando está verde tem dentro dele uma água boa de beber. Quando maduro, ele tem uma carne branca usada para fazer doces.

cocô | colégio

cocô *co-cô*
Cocô é o resto de tudo o que a gente come e que sai do corpo.

coelho *co-e-lho*
O coelho é um animal. Ele tem orelhas e dentes compridos e pula bem.

coisa *coi-sa*
1 Coisa é um nome para tudo o que a gente pode ver, tocar, pegar ou sentir com o corpo. É tudo o que é feito de algum material. [Também se diz objeto.]
2 Coisa é também um nome para o que acontece, ou para o que alguém faz. Vou contar uma coisa que você não sabe. [Também se diz fato.]
3 Coisa também serve para falar de tudo o que a gente sente ou pensa. Sonhei uma coisa engraçada.

cola *co-la*
A cola é um líquido que gruda, e por isso é usada para juntar coisas ou pedaços, sem soltar.

colar *co-lar*
Colar é juntar e prender coisas com cola.

colar *co-lar*
Um colar é um enfeite que fica pendurado no pescoço.

colega *co-le-ga*
Um colega ou uma colega é alguém que estuda na mesma escola que outra pessoa, ou que faz uma atividade junto com ela.

colégio *co-lé-gi-o*
Um colégio é como uma escola, mas tem também alunos mais velhos, de séries mais adiantadas.

colher | começo

colher *co-lher*
[Você fala como se escrevesse com É.]
A colher serve para tomar remédios e alimentos líquidos, ou para comer alimentos não muito duros, como mingau.

....

colher *co-lher*
[Você fala como se escrevesse com Ê.]
Colher uma flor ou uma fruta é segurá-la com a mão e tirá-la da planta ou da árvore.

....

colorido *co-lo-ri-do*
Uma coisa colorida tem mais de uma cor, ou é cheia de cores. Um desenho colorido pode também ter uma só cor, mas diferente do branco e do preto.

....

combinar *com-bi-nar*
1 Se você combina uma coisa com outra, você as escolhe e usa juntas, de um jeito bom ou bonito. Mamãe combinou a saia azul com a blusa rosa.
2 Se você e outra pessoa combinam alguma coisa, vocês resolvem juntos aquilo que cada um vai fazer. Eu e minha amiga combinamos de estudar juntas para a prova.

....

começar *co-me-çar*
1 Começar é dar os primeiros passos, fazer os primeiros movimentos ou atividades, falar as primeiras palavras. Começar um caminho. Começar a ler.
2 Começar também serve para dizer que uma coisa não acontecia antes, e logo depois acontece por um tempo. O ano começa em 1º de janeiro.

....

começo *co-me-ço*
[Você fala como se escrevesse com Ê.]
O começo é o que vem antes de outras coisas, ou o que ←o começo da fila

comer | comprar

acontece primeiro. Vou contar a história bem do começo. [Também se diz início.]

comer co-mer

Comer é pôr uma coisa na boca e engolir, depois de mastigar, ou até sem mastigar (como um mingau, por exemplo). O neném comeu terra e passou mal.

comida co-mi-da

Comida é aquilo que a gente come, ou que a gente prepara para comer.

completamente
com-ple-ta-men-te

Completamente quer dizer que não falta nada, ou que não dá para ser ou para ficar mais do que já é.

Estou completamente satisfeito. O que você fez está completamente certo.

completo com-ple-to

Uma coisa está completa quando não falta nada nela, ou quando ela foi feita até o fim, ou não está quebrada. Nosso time está completo, não falta nenhum jogador.

comportamento
com-por-ta-men-to

Nosso comportamento é aquilo que fazemos e o jeito como fazemos, quando estamos com outras pessoas, ou quando queremos conseguir alguma coisa. Quem tem bom comportamento ajuda os outros, não briga, não faz muita bagunça.

comprar com-prar

Quando você compra uma coisa de alguém, você dá a ele dinheiro para receber uma coisa que ele vende, que ele dá a você em troca do dinheiro.

compreender com-pre-en-der
Compreender quer dizer a mesma coisa que entender. Procure a palavra entender, na letra E, para saber mais.

comprido com-pri-do
1 Uma coisa é comprida se o fim dela fica longe do início, se a distância entre uma ponta e a outra é grande. Cabelos compridos.
2 Comprido também é o que demora muito tempo, ou leva mais tempo para acabar. Música comprida.
[Também se diz longo. O contrário de comprido é CURTO.]

computador com-pu-ta-dor
Um computador é uma máquina que pode guardar números, palavras, sons e imagens e que serve para trabalhar ou brincar com tudo isso.

concha con-cha
1 Uma concha é uma casca bem dura que fica em volta do corpo de alguns tipos de animais que vivem na água.
2 Concha é também uma colher muito funda para servir alimentos líquidos, como sopa e feijão.

confundir con-fun-dir
1 Confundir duas coisas ou duas pessoas é pensar que uma é a outra.
2 Quando uma pessoa se confunde, ela se engana, faz uma coisa pensando que está fazendo outra.

confusão con-fu-são
1 Confusão são muitas coisas ou pessoas misturadas, de um jeito que a gente não entende bem.
2 Confusão é bagunça e barulho num lugar. Às vezes, também pode ser bagunça nos nossos pensamentos.

congelar con-ge-lar

Quando a água congela, ela vira gelo por causa do frio muito forte. Quando algum outro líquido congela, ele fica duro, como o gelo.

conhecer co-nhe-cer

1 Se você conhece uma pessoa, você já a viu e já ouviu o nome dela, ou já conversou com ela.
2 Se você conhece um lugar, você já esteve lá ou pode andar por lá sem se perder.
3 Se você conhece uma história, você já ouviu ou viu essa história, sabe o que acontece nela.

conjunto con-jun-to

Um conjunto é um grupo. Pode ser um grupo de coisas ou pessoas que estão juntas,

conjunto de música

ou todas as partes que formam uma coisa maior.

consertar con-ser-tar

Consertar é fazer uma coisa quebrada ficar inteira de novo, ou fazer uma coisa que não funcionava voltar a funcionar.

construção cons-tru-ção

Uma construção é qualquer coisa que alguém construiu: uma casa, uma ponte, uma torre...

construir cons-tru-ir

Construir é juntar coisas e materiais e com eles fazer uma coisa que fica de pé sem cair, ou que fica inteira sem se partir. Construir uma casa. Construir um barco.

conta con-ta

1 Uma conta é um jeito de combinar os números para saber qual é a quantidade certa, sem precisar

contar | continuar

contar as coisas uma por uma.
2 Uma conta também é uma bolinha colorida para fazer enfeites como colares e pulseiras.
3 Tomar conta de alguém é cuidar, proteger, ou dizer o que ele pode e o que não pode fazer.

....

contar con-tar

1 Contar é ir falando ou pensando nos números, um de cada vez, na ordem certa: o 2 depois do 1, o 3 depois do 2... Quando você conta as coisas que tem em um lugar, você usa os números desse jeito, para saber quantas elas são.
2 Contar também é dizer ou mostrar para outras pessoas o que aconteceu, ou o que você pensou ou imaginou. Pode ser com palavras faladas ou escritas, ou com desenhos, música, dança, ou como no teatro e no cinema. Contar uma história. Contar um segredo. Vou te contar a ideia que tive.

contente con-ten-te

1 Se você está contente, não há nada que esteja fazendo você ficar triste ou nervoso.
2 Você fica contente com alguma coisa se essa coisa é do jeito que você queria ou se ela faz você ficar feliz, alegre.

....

continuar con-ti-nu-ar

1 Continuar é não parar de fazer alguma coisa, ou repetir mais vezes. A comida acabou, mas vamos continuar a festa.
2 Continuar é ficar do mesmo jeito que antes, sem mudar. Continua a chover.
3 Continuar também é começar de novo, depois de ter parado. Vamos continuar a ler a história que começamos ontem.

ERREI!

CONTINUE TENTANDO!

contrário con-trá-ri-o

1 Se uma coisa é o contrário de outra, ela é completamente diferente.
2 Se uma coisa está ao contrário, ela está virada para o lado errado, ou está de um jeito todo errado.

....

conversar con-ver-sar

Quando você conversa com outra pessoa, você conta coisas para ela, e também ouve o que ela tem para contar a você.

....

convidar con-vi-dar

Convidar uma pessoa é chamá-la para vir estar com você, ou para fazer alguma coisa com você.

....

convite con-vi-te

Convite é uma carta ou um bilhete para convidar alguém para uma festa, ou para um espetáculo. Nele vem escrito onde e quando isso vai acontecer.

....

copiar co-pi-ar

1 Copiar uma coisa é fazer outra coisa igualzinha à primeira. Você copiou o que o professor escreveu no quadro?
2 Copiar uma pessoa é imitá-la, é fazer alguma coisa do mesmo jeito que ela faz.

....

cor

[Você fala como se escrevesse com ó.]

Se você sabe uma coisa de cor, você lembra dela facilmente, porque já a viu, ouviu ou repetiu muitas vezes.

....

cor

[Você fala como se escrevesse com ô.]

Cor é o tipo de luz que a gente vê quando olha para as coisas. As cores podem se

coração | corpo

misturar, formando outras cores. Amarelo, azul, verde e vermelho, preto e branco são cores.

coração *co-ra-ção*

O coração é uma parte do corpo. Ele fica dentro do peito, quase no meio. É o coração que faz o sangue passar por todo o corpo. Ele se aperta e depois se solta com força – a gente diz que ele bate, porque às vezes dá para ouvir o som que ele faz, parecido com o de um tambor.

corajoso *co-ra-jo-so*

Quem é corajoso não tem medo, ou não foge, mesmo quando sente medo.

corda *cor-da*

1 Uma corda é feita de muitos fios fortes. Ela serve para amarrar, prender, puxar ou pendurar.
2 Em alguns instrumentos de música, a corda é um fio especial que faz som quando mexemos nele do jeito certo. O violão, o piano e o violino são instrumentos de corda.

cor-de-rosa *cor-de-ro-sa*

O cor-de-rosa é uma cor vermelha bem clara, como a de algumas rosas.

coro *co-ro*

Um coro é um grupo de pessoas que cantam juntas.

corpo *cor-po*

1 Nosso corpo pode se mexer e é com ele que pegamos e

correr | corrida

sentimos as coisas que estão em volta. Ele precisa de água, de ar e de alimento para continuarmos vivos. O corpo é a parte da gente que nós e as outras pessoas podemos ver e tocar. Nosso corpo tem cabeça e pescoço, braços e pernas, e a parte onde estão o peito, as costas e a barriga. pág. 256
2 Corpo também é o nome só da parte onde ficam o peito, a barriga e as costas.
3 Os outros animais também têm corpo. Alguns têm cabeça, pernas, barriga, outros são muito diferentes, mas em todos a gente pode ver que acontece a vida.

correr cor-rer
1 Correr é parecido com andar, mas as pernas se mexem mais rápido, e os passos são como pulos para a frente.
2 Correr também é fazer as coisas mais rápido, ou muito rápido. Tive que almoçar correndo para não me atrasar.
3 Se você diz que um carro, um barco, um trem ou outro veículo corre, quer dizer que ele pode ir rápido, em grande velocidade.
4 Os líquidos também correm: eles vão passando sobre o chão ou sobre outra coisa, devagar ou rápido, mas sem parar, de um lugar mais alto para um lugar mais baixo. Os rios correm para o mar. Meu amigo chorava e as lágrimas corriam pelo rosto.

correto cor-re-to
O que está correto não está errado, está benfeito, do jeito que precisava ser.

corrida cor-ri-da
1 Corrida é o que a gente faz quando corre.
2 Uma corrida também é uma competição: muitas pessoas correndo a pé, ou de bicicleta, de barco, de carro, para ver

corrigir | couro

quem vai mais rápido, quem chega na frente.

corrigir *cor-ri-gir*

1 Corrigir é tirar ou apagar o que está errado e pôr a coisa certa no lugar.
2 Corrigir também é mostrar o que está errado naquilo que alguém fez, disse ou escreveu. A professora corrigiu nosso dever de casa.

cortar *cor-tar*

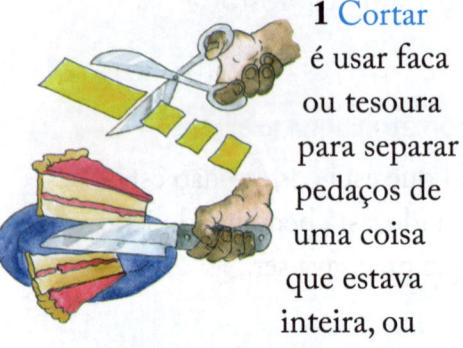

1 Cortar é usar faca ou tesoura para separar pedaços de uma coisa que estava inteira, ou para fazer um buraco nela. Cortar papel. Cortar um pedaço de bolo.
2 Quando uma pessoa se corta, ela se machuca porque a faca ou alguma outra coisa feriu sua pele.

coruja *co-ru-ja*

A coruja é um animal, uma ave. Tem olhos grandes e enxerga bem no escuro.

costas *cos-tas*

1 As costas são uma parte do nosso corpo: a parte de trás do corpo inteiro, ou só a parte que vai da nuca até a cintura. pág. 256
2 As costas de uma coisa são a parte de trás dela. As costas da blusa.

as costas da mão

cotovelo *co-to-ve-lo*

O cotovelo é uma parte do corpo. Fica no meio do braço, atrás de onde ele se dobra. Ele é duro e um pouco pontudo, por causa do osso. pág. 256

couro *cou-ro*

1 O couro é a pele mais ou menos grossa de alguns

couve | criança

animais, como boi, cobra, jacaré.

2 Couro é também essa pele, ou algum material artificial parecido, usada para fazer sapatos, bolsas, casacos e também tambores.

3 O couro cabeludo é a pele do alto da cabeça, onde cresce o cabelo.

couro

couve *cou-ve*

A couve é uma verdura que se come cozida.

coxa *co-xa*

A coxa é a parte mais grossa da perna, que vai do quadril até o joelho. 🔍 pág. 256

cozido *co-zi-do*

O que está cozido foi preparado no fogo, para ser comido. [O contrário de cozido é CRU.]

cozinha *co-zi-nha*

A cozinha é o lugar da casa onde tem fogo ou um fogão para preparar a comida.

cozinhar *co-zi-nhar*

Cozinhar é preparar a comida no fogo.

crescer *cres-cer*

Crescer é aumentar, ficar maior, em tamanho ou em quantidade. Quando as crianças crescem, o corpo fica maior e mais forte, mas elas também ficam diferentes naquilo que pensam e sentem e como se comportam.

criança *cri-an-ça*

Uma criança é um menino ou uma menina; é uma pessoa que não tem muitos anos de idade, que não é adulta ou que ainda não é adolescente.

cru

Um alimento cru não foi cozido, ou não está completamente cozido.
[O contrário de cru é cozido.]

cruz

Uma cruz é um desenho de duas linhas que passam uma por cima da outra. Ou um objeto que tem forma parecida com estes desenhos.

cruzar *cru-zar*

1 Cruzar é fazer uma coisa passar por cima da outra.
Cruzar os braços. Cruzar as pernas.
2 Cruzar também é atravessar, passar de um lado para outro.
Cruzar a ponte.
3 Os animais, quando cruzam, têm filhotes.

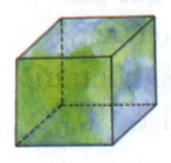

cubo *cu-bo*

Um cubo é feito de seis quadrados: um embaixo, um no alto e quatro nos lados.

cueca *cu-e-ca*

A cueca é uma roupa que meninos e homens usam debaixo da calça ou da bermuda.

cuidado *cui-da-do*

1 Cuidado é tudo o que a gente faz ou precisa fazer quando não quer que alguma coisa saia errada ou fique ruim. Tomar cuidado é tentar fazer as coisas do jeito certo, com calma e atenção.
2 Às vezes, a gente diz ou grita "Cuidado!" para avisar alguém de algum perigo.

cuidar *cui-dar*

1 Cuidar de uma pessoa é ficar perto dela para ver se está tudo bem e para ajudá-la, se ela precisar.
2 Cuidar de uma coisa é usá-la sem quebrar ou sem estragar, ou não deixar que outros a estraguem.

culpado | curvo

culpado *cul-pa-do*
Nós dizemos que uma pessoa é culpada se foi por causa dela que aconteceu alguma coisa triste ou ruim.

cumprimento *cum-pri-men-to*
Cumprimento é aquilo que a gente fala quando encontra outras pessoas ou quando se despede delas. "Oi", "Alô", "Bom dia", "Tudo bem?", "Boa noite", "Até logo", "Tchau", "Adeus" são cumprimentos. Às vezes, o cumprimento pode ser só um gesto, sem palavras. Por exemplo: balançar a mão, apertar a mão da outra pessoa, sorrir para ela.

curtir *cur-tir*
1 Você curte uma coisa divertindo-se com ela e gostando dela (um livro, uma conversa etc.). Curti muito a festa de aniversário.
2 Se você gosta de uma mensagem no facebook pode mostrar isso curtindo com um desenho, geralmente de uma mão com o polegar levantado.

curto *cur-to*
1 Se um caminho é curto, você não precisa andar muito até chegar ao fim.
2 Cabelos curtos e unhas curtas ainda não cresceram muito.
3 Uma palavra curta tem poucas letras.
4 Curto também é o que não demora muito tempo. As férias em julho são curtas. [O contrário de curto é COMPRIDO OU LONGO.]

curvo *cur-vo*
Um traço, ou desenho curvo não é reto, muda de direção sem parecer quebrado, sem ter pontas ou cantos. [O contrário de curvo é RETO.]

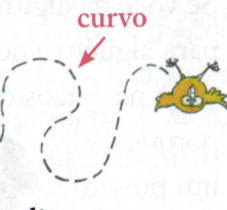

dançar | dedo

Dd
Dd

dançar *dan-çar*
Quando você dança, você faz movimentos com o corpo seguindo o ritmo de uma música.

dar
Se você dá alguma coisa para alguém, você põe essa coisa nas mãos da pessoa, ou porque é um presente seu para ela, ou porque ela precisa dessa coisa.

data *da-ta*
Uma data é o dia e o mês (e às vezes o ano também) em que alguma coisa acontece. Qual é a data do seu aniversário? É 6 de janeiro.

debaixo *de-bai-xo*
Debaixo quer dizer a mesma coisa que embaixo. Procure a palavra embaixo, na letra E, para saber mais. pág. 257

dedo *de-do*
Os dedos são as cinco partes separadas no final de cada mão e de cada pé. pág. 256

defeito | demorar

defeito de-fei-to

1 Se uma televisão ou outro aparelho estão com defeito, alguma coisa neles não está funcionando bem.
2 As pessoas podem ter defeitos também. Por exemplo, tem gente que mente muito: mentir é um defeito.

deitar dei-tar

Quando você se deita, seu corpo fica inteiro, da cabeça aos pés, em cima da cama, ou de outro lugar.

deixar dei-xar

ELE DEIXOU EU USAR A PRANCHA DELE.

1 Se você deixa uma pessoa usar ou fazer alguma coisa, você diz a ela que ela pode usar ou fazer aquilo.
2 Se uma pessoa ou alguma coisa o deixam feliz, ou triste, ou cansado, ou zangado, elas o fazem se sentir feliz, triste, cansado ou zangado.
3 Se você deixa alguma coisa cair, você a solta sem querer. Quem deixar a bola cair no chão sai do jogo.

demais de-mais

1 Demais é mais do que é comum, mais do que a gente gosta. Comi demais hoje.
2 Demais também quer dizer "muito". Gosto demais dos meus irmãos.

demorar de-mo-rar

1 Se alguém demora, ele leva muito tempo para fazer alguma coisa ou para chegar em algum lugar. Por que vocês demoraram tanto lá?
2 Se alguma coisa demora, ela leva muito tempo para chegar ao fim. A viagem de ônibus demorou muito.
3 Também se usa demorar para perguntar ou para dizer o tempo que falta, ou que precisa passar. Quanto tempo você vai demorar para chegar aqui?

dente den-te

Dente é cada uma das partes brancas e duras dentro da boca das pessoas e de alguns animais. Os dentes servem para cortar a comida e para mastigar. 🔍 pág. 256

dentista den-tis-ta

Dentista é o médico que cuida dos dentes das pessoas.

dentro den-tro

Se uma pessoa ou alguma coisa estão dentro de um lugar, elas estão no interior desse lugar. [O contrário de dentro é FORA.] 🔍 pág. 257

depois de-pois

1 Se uma coisa vem depois de outra, ela vem quando acaba a outra. Depois de sexta-feira vem sábado. 
2 Se você faz uma coisa depois de outra, você a faz quando acaba a outra, ou um tempinho mais tarde. Vou almoçar e depois vou sair.
[O contrário de depois é ANTES.]

depressa de-pres-sa

Se você faz alguma coisa depressa, você a faz muito rápido, em pouco tempo. Para os dentes ficarem bem limpos, não podemos escová--los depressa. [O contrário de depressa é DEVAGAR.]

descalço des-cal-ço

Se uma pessoa está descalça, ela está sem sapatos.

descansar des-can-sar

Quando você descansa, você fica deitado ou sentado, e quieto, porque está cansado.

descer | deserto

descer *des-cer*

1 Se você desce de algum lugar, você vai para um lugar mais baixo ou para o chão. Segura a escada para eu descer?
2 Quando você desce de um ônibus, de um trem, você sai deles.
3 Se você desce alguma coisa, como uma cortina, você a faz vir para baixo.

descrever *des-cre-ver*

Quando você descreve uma pessoa, um animal ou alguma coisa, você diz como eles são. Vou descrever meu cachorro: ele é pequeno, tem pelo marrom e é manso.

desculpa *des-cul-pa*

1 Uma desculpa é uma explicação que você dá a alguém, dizendo por que você não fez alguma coisa que devia fazer ou fez o que não devia ter feito.
2 Você pede desculpas quando quer que alguém não fique triste ou zangado com você por causa de alguma coisa errada que você fez ou por causa de uma coisa que deixou de fazer. Se você sem querer pisa no pé de alguém, você pede desculpas.

desenhar *de-se-nhar*

Quando você desenha, você faz uma figura no papel usando um lápis preto ou de cor, ou uma caneta.

desenho *de-se-nho*

Um desenho é a figura que você faz num papel, quando desenha.

deserto *de-ser-to*

1 Um deserto é um lugar grande onde quase não tem água e que, por isso, tem muito poucas plantas e animais.
2 Um lugar deserto é um lugar

despedir-se | dia

sem nenhuma pessoa, ou com poucas pessoas. De noite, a nossa rua fica deserta.

despedir-se de-pe-dir-se

Despedir-se de uma pessoa é dizer adeus ou tchau para ela, às vezes dando um beijo e um abraço também, antes de ir embora.

detestar de-tes-tar

Se você destesta uma pessoa ou alguma coisa, você não gosta nem um pouco delas. Às vezes, a gente detesta também fazer alguma coisa. Eu detesto acordar cedo.

devagar de-va-gar

Se você faz alguma coisa devagar, você a faz sem pressa e leva bastante tempo para fazê-la. Minha mãe sempre diz para eu comer devagar. [O contrário de devagar é DEPRESSA.]

dever de-ver

1 Um dever é um trabalho ou outra coisa que a gente tem que fazer. Você faz sempre o seu dever de casa?
2 Se você deve dinheiro a alguém, essa pessoa emprestou dinheiro a você, e você tem que devolvê-lo. Estou devendo 30 centavos ao Pedro.

dezembro de-zem-bro

Dezembro é o último dos doze meses do ano. Tem 31 dias e vem depois de novembro. O Natal é em dezembro. 🔍 pág. 261

dezena de-ze-na

Uma dezena é um grupo de 10 coisas. Uma dezena de bananas são 10 bananas.

dia di-a

1 Dia é quando está claro e a luz do Sol ilumina o céu. Durante o dia eu estudo e brinco. [O contrário de dia é NOITE.]
2 O dia é também um tempo que dura 24 horas: começa à

diálogo | diferente

meia-noite e vai até a meia--noite seguinte. A metade de um dia são 12 horas: começa à meia-noite e vai até o meio-dia.

Uma semana tem 7 dias. Um mês tem 30 ou 31 dias (só fevereiro é diferente: tem 28 dias, mas de 4 em 4 anos tem 29 dias). Um ano tem 365 dias.

diálogo di-á-lo-go

1 Um diálogo é uma conversa entre duas ou mais pessoas.
2 Num filme, num livro ou numa peça de teatro, o diálogo é uma conversa entre duas pessoas somente.

Quando o diálogo é escrito, aparece um travessão (–) antes da fala de cada pessoa.

diário di-á-ri-o

O diário é um caderno onde a pessoa escreve todos os dias as coisas que fez, os pensamentos, as alegrias ou as tristezas que teve.

dicionário di-ci-o-ná-ri-o

Um dicionário é um livro com uma lista de palavras, explicando o que elas querem dizer. Procure no seu dicionário o significado da palavra "dente".

diferente di-fe-ren-te

Se duas coisas ou duas pessoas são diferentes, elas não são iguais em alguma coisa, ou não são iguais em nada.
[O contrário de diferente é IGUAL.]
Estas duas figuras parecem iguais, mas têm 4 coisas

difícil | divertido

diferentes. Você sabe dizer quais são?

difícil di-fí-cil
Uma coisa difícil é complicada, leva mais tempo para fazer, para aprender ou para entender. Acho esse dever de casa muito difícil! [O contrário de difícil é FÁCIL.]

dinheiro di-nhei-ro
Dinheiro são as notas e as moedas que as pessoas usam para comprar coisas, ou para pagar as pessoas.

dinossauro di-nos-sau-ro
Os dinossauros eram animais parecidos com lagartos. Viveram há muito tempo, e alguns deles eram enormes.

direita di-rei-ta
A direita é a direção para onde aponta o seu braço direito, quando você o abre para o lado. Quando você olha para um relógio, direita é a direção em que fica o número 3 do relógio.

direito di-rei-to
1 O braço direito, a mão direita, a perna direita ficam à direita do corpo. [O contrário de direito é ESQUERDO.]
2 Se você faz uma coisa direito, você a faz bem, ou do jeito certo. Eu não sei desenhar um carro direito.

divertido di-ver-ti-do
1 Se coisas como um jogo, um filme são divertidas, elas fazem você rir e ficar feliz.
2 Se uma pessoa é divertida, ela diz e faz coisas engraçadas.

dividir | dormir

dividir *di-vi-dir*

1 Se você divide uma coisa, você a separa em várias partes ou grupos.
Vamos dividir entre nós estas bananas fritas?

2 Se você divide um número por outro, você descobre quantas vezes um cabe no outro.
O número 4 dividido por 2 é igual a 2.

dizer *di-zer*

Quando você diz alguma coisa, você fala, escreve ou usa gestos para os outros saberem o que você pensa, o que você quer ou sente. A professora me disse que tenho a voz bonita!

doce *do-ce*

1 As coisas doces têm gosto de açúcar, mesmo que não sejam feitas com açúcar. Esse abacaxi está bem doce.

2 Um doce é uma comida feita com muito açúcar.

doente *do-en-te*

Quando uma pessoa está doente, ela se sente mal, fraca. Pode sentir também dor, enjoo e ter febre.

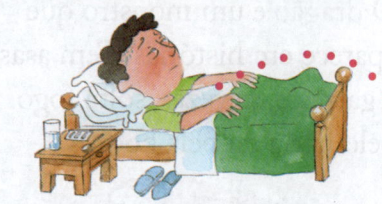

doer *do-er*

Se alguma parte do seu corpo dói, você sente dor ali.

domingo *do-min-go*

O domingo é um dos sete dias da semana. Vem depois do sábado. 🔍 pág. 260

dor

Dor é a sensação ruim que você sente em alguma parte do corpo quando ali tem um machucado, ou quando alguma coisa dentro do seu corpo não está bem. Estou com dor de garganta.

dormir *dor-mir*

Quando você dorme, você

fecha os olhos, seu corpo descansa, e você sonha.

dragão *dra-gão*

O dragão é um monstro que aparece em histórias. Tem asas e garras e, às vezes, solta fogo pelo nariz ou pela boca.

duro *du-ro*

Uma coisa dura é muito firme, e é difícil a gente apertá-la, dobrá-la, amassá-la ou quebrá-la. A madeira, a pedra, os dentes são duros. [O contrário de duro é MOLE.]

dúzia *dú-zi-a*

Uma dúzia é um grupo de 12 coisas. Uma dúzia de ovos são 12 ovos.

DVD
[Você fala essa palavra assim: devedê.]

Um DVD é um disco com músicas ou filme gravados. Parece um CD, mas no DVD cabem mais imagens e mais músicas do que num CD. Para ver o filme ou ouvir as músicas, você tem que usar um aparelho de DVD.

Ee

eco *e-co*

O eco é o som que você ouve mais uma vez, logo depois da primeira, porque as paredes, pedras ou montanhas o devolvem na sua direção.

edifício *e-di-fí-ci-o*

Um edifício é um lugar construído com paredes e teto. Quase sempre, a gente chama de edifício (ou prédio) uma construção bem grande e alta, onde muitas pessoas podem morar ou trabalhar.

educação *e-du-ca-ção*

1 Educação é tudo o que a gente aprende em casa ou na escola e que ajuda a gente a viver bem com as outras pessoas.
2 Ter educação é saber se comportar bem, do jeito certo.

educado *e-du-ca-do*

Uma pessoa educada sabe se comportar bem, faz as coisas de um jeito que não incomoda outras pessoas.

educar | embaixo

educar *e-du-car*

Educar uma pessoa é ensinar a ela coisas e passar muito tempo mostrando a ela o que é certo fazer.

égua *é-gua*

A égua é a fêmea do cavalo. Ela é a mãe dos filhotes, os potros.

elefante *e-le-fan-te*

O elefante é um animal muito grande, com uma tromba comprida, que ele usa como se fosse um braço, e a pele muito grossa. Os elefantes só comem plantas.

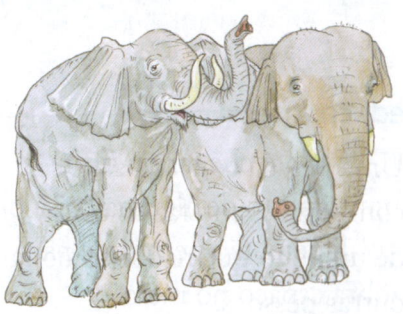

eletricidade *e-le-tri-ci-da-de*

A eletricidade é o que faz os raios ou relâmpagos aparecerem no céu. É um tipo de energia que pode ser usada para esquentar, iluminar e fazer motores funcionarem. Ela é preparada em fábricas especiais, as usinas, e de lá viaja em fios. E também é preparada, bem fraca, dentro das pilhas ou baterias.

elétrico *e-lé-tri-co*

Elétrico é o que usa ou tem eletricidade. Lâmpada elétrica. Trem elétrico.

embaixo *em-bai-xo*

Se uma coisa está embaixo de outra, ela fica numa parte mais baixa do que a outra. [Você pode também dizer

embora | encostar

debaixo ou sob. O contrário de embaixo é EM CIMA ou SOBRE.] 🔍 pág. 257

embora *em-bo-ra*
Ir embora é sair de perto de um lugar por algum tempo.

emprestar *em-pres-tar*
Quando você empresta a alguém uma coisa que você tem, você deixa a pessoa ficar um pouco com essa coisa e usá-la, antes de devolver a você.

empurrar *em-pur-rar*
Empurrar uma coisa ou uma pessoa é encostar nela e fazer força para a frente.

encher *en-cher*
Encher é fazer uma coisa ou um lugar ficarem cheios, é colocar neles muitas coisas ou pessoas, até não caber mais nada, ou quase nada.

encontrar *en-con-trar*
1 Encontrar uma coisa que estava perdida ou sumida é ver ou ficar sabendo onde ela está. [Também se diz achar.]

2 Quando você se encontra com uma pessoa, você está junto com ela no mesmo lugar. Pode ser sem querer, ou porque vocês combinaram. Os amigos se encontraram na festa.

encostar *en-cos-tar*
Encostar é chegar ou ficar muito perto de alguma coisa ou de alguém, tão perto que não sobra espaço no meio.

·· 93 ··

endereço | engraçado

endereço *en-de-re-ço*

O endereço de uma pessoa é o nome do lugar onde ela mora. Cada casa tem um endereço: assim, qualquer pessoa pode chegar nesse lugar ou entregar aí a carta que a gente manda para quem mora lá. No endereço tem o nome do país e da cidade, do bairro e da rua, o número da casa e o CEP, que é um número que informa qual é a cidade e a rua.

energia *e-ner-gi-a*

Energia é uma coisa que a gente não pode ver nem pegar, mas que a gente sabe onde está porque vê ou sente aquilo que ela faz: a luz e o movimento precisam de alguma energia para acontecer. O calor e a eletricidade são tipos de energia. Nosso corpo também tem energia – ela vem dos alimentos que comemos.

enfeite *en-fei-te*

Um enfeite é qualquer coisa que a gente põe na roupa, no corpo, ou num outro lugar, para deixá-los mais bonitos.

enganar *en-ga-nar*

1 Enganar outra pessoa é, por querer, fazê-la acreditar numa coisa que não é verdade.
2 Se você se engana, você faz ou diz uma coisa errada, sem querer.

engolir *en-go-lir*

Engolir uma coisa que está na boca é deixá-la descer pela garganta, para que ela chegue até a barriga.

engraçado *en-gra-ça-do*

1 Uma coisa engraçada faz a gente rir, ou ter vontade de rir.
2 Uma pessoa engraçada faz coisas que as outras pessoas acham divertidas.

enorme e-nor-me

Uma coisa enorme é muito grande, muito maior do que outras.

ensinar en-si-nar

Ensinar é dizer coisas que uma pessoa ainda não sabe, ou mostrar o jeito de fazer uma coisa e ajudar a pessoa a fazer sozinha. Quem ensinou você a ler e escrever? Alguém pode me ensinar o caminho até a praça?

entender en-ten-der

1 Se você entende o que outra pessoa fala ou escreve, você sabe o que ela quis dizer, o que ela pensou. Vocês entenderam o que eu falei, ou preciso repetir? 
2 Entender também é saber como e por que uma coisa acontece. [Também se diz compreender.]

entrada en-tra-da

1 A entrada é o que acontece quando alguém entra num lugar. Na minha escola, a entrada dos alunos é entre 7h30 e 8h da manhã.
2 Entrada é também o lugar por onde a gente pode passar para entrar.

entrar en-trar

Entrar num lugar é ir ou passar para o lado de dentro.

entre en-tre

1 Se alguma coisa está entre duas outras coisas, ela está no meio dessas duas coisas.
🔍 pág. 257

entregar | erro

2 Entre também fala de um tempo que vem depois de uma coisa e antes de outra.

---

entregar en-tre-gar

Entregar uma coisa é dá-la na mão de outra pessoa para ela segurar ou usar, ou levar essa coisa até onde a pessoa está.

---

enxada en-xa-da

A enxada serve para mexer bem e cavar a terra e também para cortar o capim que atrapalha outras plantas.

---

enxugar en-xu-gar

Enxugar é secar, tirar a água ou outro líquido de uma coisa ou pessoa que está molhada. Pode ser com pano, toalha, papel ou de outro jeito.

---

errado er-ra-do

O que está errado tem um erro ou mais de um. Se uma coisa está errada, ela não está como deveria. Se o que alguém diz é errado, aquilo não é verdade. [O contrário de errado é CERTO ou CORRETO.]

---

errar er-rar

1 Quando alguém erra, diz uma coisa que não é verdade porque não sabe bem, ou porque não conseguiu adivinhar.
2 Errar também é fazer uma coisa de um jeito que não serve, que não fica bom. [O contrário de errar é ACERTAR.]

---

erro er-ro

Erro é qualquer coisa que a gente faz, mas não devia ter feito, porque não é bom. Um erro também pode ser algo que a gente pensa ou diz, sem saber que não é verdade.

ervilha | escova

ervilha er-vi-lha
A ervilha é um legume. Tem uma casca verde com sementinhas verdes dentro.

escada es-ca-da
1 A escada serve para subir até um lugar mais alto e poder alcançar alguma coisa, e depois descer de lá.
2 A escada também é um caminho para subir ou descer, que, em vez de ir sempre inclinado, tem degraus para a gente poder apoiar bem os pés.

escola es-co-la
A escola é um lugar aonde as pessoas vão para aprender aquilo que outras pessoas já sabem. Quem vai para aprender são os alunos e alunas, e quem ensina são os professores e as professoras.

escolher es-co-lher
Escolher é preferir, é achar que uma coisa é melhor, ou especial. Quando você escolhe uma coisa que está junto com outras, você a tira para ficar com ela e deixa as outras.
Entrei na sala, escolhi uma cadeira e sentei.

esconder es-con-der
1 Se você esconde uma coisa, você a põe num lugar onde outras pessoas não podem vê-la, ou num lugar que elas não sabem qual é.
2 Se você se esconde, você mesmo fica num lugar onde não podem ver você.

escova es-co-va
Uma escova é feita com muitos pelos de animal ou fios de plástico, bem durinhos.

escova de cabelos   escova de dentes

escrever | esforço

Serve para limpar coisas, como se fosse uma vassoura pequena. A escova de cabelos serve para passar nos cabelos e deixá-los mais lisos ou arrumados.

escrever es-cre-ver

1 Escrever uma letra é fazer o desenho dela no papel, com lápis ou caneta. Você escreve uma palavra usando as letras uma depois da outra, na ordem certa.
2 Escrever é um jeito de desenhar as palavras para dizer o que a gente pensa ou sente, mas sem precisar falar as palavras. Escrevi uma carta para a minha tia.

escuro es-cu-ro

1 Um lugar escuro tem pouca luz, não está claro. De noite, o céu fica escuro.

azul-escuro
azul-claro

2 Uma cor escura é bem diferente da cor branca. [O contrário de escuro é CLARO.]

escutar es-cu-tar

1 Escutar é a mesma coisa que ouvir. Escutei um passarinho cantando. Procure a palavra ouvir, na letra O, para saber mais.
2 Escutar também é prestar atenção para ouvir e saber, ou entender, aquilo que se ouve. Escute e você vai conseguir ouvir um barulhinho. O médico escuta o coração das pessoas.

esforço es-for-ço

Esforço é tudo o que a gente faz para conseguir uma coisa: é a força, a atenção, a paciência para tentar de novo quando não se consegue...

espaço es-pa-ço

1 Espaço é o nome que a gente dá para o lugar vazio, onde não tem nada, o lugar que fica entre as coisas, e onde cabem mais outras. Tem espaço para eu passar?
2 O espaço sideral é onde estão a Lua, o Sol, os planetas e as estrelas, lá longe, fora da Terra.

TEM ESPAÇO PARA EU PASSAR?

espalhar es-pa-lhar

1 Espalhar é fazer o que estava junto ficar separado.
2 Espalhar é também pegar uma coisa e jogar um pouquinho dela numa direção, e outro pouquinho em outras.

especial es-pe-ci-al

1 Uma coisa especial não é como as outras, ela é de um jeito que faz você prestar atenção nela ou gostar mais dela.
2 Uma coisa especial é feita para a gente usar melhor. Uma borracha especial para apagar tinta de caneta.

espelho es-pe-lho

O espelho é um vidro especial, onde você pode se ver. Um espelho pode ser qualquer coisa muito lisa, que devolve a luz que chega nela, e por isso faz aparecer a imagem das coisas: o que está na frente do espelho parece repetido do outro lado.

esperar es-pe-rar

1 Esperar é ficar algum tempo num lugar, não ir embora, até alguém chegar ou alguma coisa acontecer. Esperei por você a tarde toda.
2 Se você espera que uma coisa aconteça, você quer

espetáculo | esporte

que ela aconteça e acha que ela pode mesmo acontecer.
Espero que não chova, para podermos passear.

espetáculo es-pe-tá-cu-lo

Um espetáculo é uma coisa que alguém faz, ou que acontece, e que é tão interessante ou especial que as pessoas param para ver, ou vão até lá só para ver. Cinema, *show* de música, circo são espetáculos.

espetar es-pe-tar

Espetar é furar com uma coisa bem fina. É também machucar, furando a pele.

espinafre es-pi-na-fre

O espinafre é uma verdura.

espinho es-pi-nho

O espinho é uma parte fina e pontuda de algumas plantas, que pode espetar e entrar na pele.

espiral es-pi-ral

Uma espiral é um desenho, uma figura, que se parece com um caracol ou com uma mola.

espirro es-pir-ro

Espirro é o que acontece quando o ar sai rápido e forte pelo nariz e pela boca, por causa de alguma coisa que fez cócegas dentro do nariz.

esporte es-por-te

Esporte é uma atividade em que a gente precisa usar o corpo e, de tanto usar, ele vai ficando mais forte ou mais ágil. Exemplos de esportes: jogos como futebol e vôlei; exercícios como correr, pular, nadar; ou atividades como remar, andar de bicicleta.

págs. 258-259

espuma | esquerdo

espuma *es-pu-ma*
A espuma é feita de muitas e muitas bolhas juntas, pequenas ou grandes, que às vezes aparecem sobre algum líquido, como água com sabão, ou na água do mar, quando as ondas quebram na praia.

esquecer *es-que-cer*
Esquecer é não lembrar.
1 Esquecer é não saber aquilo que a gente já soube. Esquecemos o caminho e nos perdemos. Depois que você aprende a andar de bicicleta, não esquece mais.
2 Esquecer é também não conseguir pensar ou imaginar uma coisa que a gente conhece. (Se alguém diz ou mostra, a gente logo sabe que era aquilo mesmo.) Ih, professora, eu sei a resposta, mas esqueci.
3 Se você esquece uma coisa num lugar, você a deixa lá, sem querer. Se você esquece de fazer uma coisa, você não a faz na hora que precisava fazer. Não se esqueça de fazer o dever de casa.

esqueleto *es-que-le-to*
O esqueleto são todos os ossos do corpo, cada um no seu lugar.

esquerda *es-quer-da*
A esquerda é a direção para onde você aponta o seu braço esquerdo, quando você o abre para o lado. Quando você olha para um relógio, esquerda é a direção em que fica o número 9 do relógio.

Nós lemos as palavras da esquerda para a direita.

esquerdo *es-quer-do*
O braço esquerdo, a perna esquerda, o olho esquerdo e a orelha esquerda ficam à esquerda do corpo.

braço esquerdo

esquilo | estojo

esquilo *es-qui-lo*

O esquilo é um animal pequeno e que vive nas árvores.

esquina *es-qui-na*

Uma esquina é o lugar, na cidade, onde duas ruas se encontram.

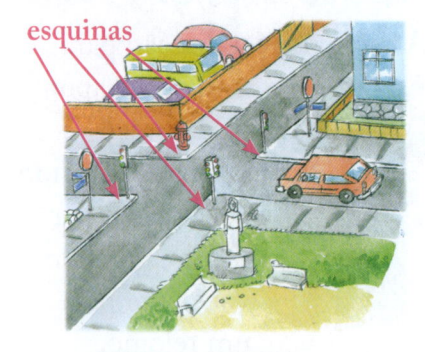

esquinas

estação *es-ta-ção*

1 Estação é onde os trens ou ônibus param e as pessoas que estão dentro podem sair e as que vão viajar podem entrar.
2 Uma estação é também uma parte do ano, quando o tempo fica mais quente ou mais frio, ou quando chove mais, ou quando os dias ficam mais curtos ou mais compridos. Temos 4 estações do ano: primavera, verão, outono e inverno.
3 Uma estação de rádio ou de televisão é o lugar onde se preparam os programas que a gente pode ouvir ou ver.

estátua *es-tá-tu-a*

A estátua é uma forma ou uma figura feita de pedra, metal, madeira ou outro material. Quase sempre a estátua imita um corpo de gente ou de animal.

esticar *es-ti-car*

1 Esticar uma coisa é puxá-la com força, para que ela fique mais comprida.
2 Esticar os braços, as pernas, ou o corpo inteiro é fazer força para não deixá-los nem um pouco dobrados nem encolhidos.

estojo *es-to-jo*

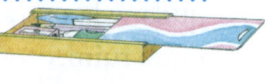

Um estojo é uma caixinha especial para guardar lápis, canetas e borracha, ou outras coisas que a gente usa.

estourar | estrela

estourar es-tou-rar

Quando uma coisa estoura, ela arrebenta fazendo um barulho forte.

estrada es-tra-da

1 Uma estrada é um caminho bem comprido e mais ou menos largo, feito especialmente para quem viaja em carros, caminhões, ônibus...
2 Uma estrada de ferro é uma estrada feita especialmente para o trem. Ela tem trilhos, onde as rodas do trem podem passar.

estragar es-tra-gar

1 Estragar uma coisa é quebrá-la ou fazer com que ela fique ruim.
2 Quando uma comida se estraga, ela já não está boa para comer – se alguém comer, pode passar mal.

estranho es-tra-nho

1 Um estranho é alguém que a gente não conhece, não sabe quem é.
2 Uma coisa estranha é uma coisa bem diferente das outras, que a gente não está acostumada a ver, não sabe o que é, ou não entende bem. Olha que bicho estranho!

estreito es-trei-to

Uma coisa estreita tem pouco espaço ou pouco tamanho entre um lado e o outro. Porta estreita. [O contrário de estreito é LARGO.]

estrela es-tre-la

1 As estrelas são pontinhos de luz que vemos no céu quando é noite. Os cientistas sabem que as estrelas parecem pequeninas porque estão muitíssimo longe de nós e que elas são quentes e brilhantes como o Sol, que

também é uma estrela. Alguns dos pontinhos que vemos no céu à noite não são estrelas desse tipo, porque não são como o Sol: são os planetas.
2 Uma estrela também é um desenho ou uma figura que tem pontas.

....

estudar es-tu-dar
1 Estudar é ir à escola e ter aulas, e também ler o que está nos livros e fazer os deveres para aprender.
2 Estudar é também ler bastante e pensar e observar as coisas, para saber mais.

....

exatamente e-xa-ta-men-te
[O x nesta palavra tem o som de z.]

Exatamente quer dizer "nem mais, nem menos". Serve também para dizer que não há nenhuma diferença, que as coisas não são nem um pouco diferentes do que a gente falou. Vou te contar exatamente o que aconteceu – quer dizer que não vai ser nem um pouco diferente daquilo que aconteceu. Tenho exatamente 7 anos, 3 meses e 2 dias de idade!

....

excelente ex-ce-len-te
1 Uma coisa excelente é muito boa.
2 Uma pessoa excelente é alguém muito bom, muito amigo, de quem a gente gosta muito.

....

exemplo e-xem-plo
[O x nesta palavra tem som de z.]

1 Exemplo é um jeito de se comportar ou de fazer uma coisa que as outras pessoas às vezes imitam. Siga o exemplo do seu irmão – quer dizer, faça como ele.
2 Um exemplo serve para mostrar como é uma coisa, ou como nós a usamos. Neste livro, você pode encontrar exemplos escritos na cor azul (como este) ao lado das explicações das palavras.

exercício | explicar

exercício *e-xer-cí-ci-o*
[O x nesta palavra tem som de z.]

1 Um **exercício** é um movimento, ou alguns movimentos, que a gente faz com o corpo, para treinar, para ficar forte ou por diversão. Correr, nadar, pular são **exercícios**.

2 Um **exercício** também é um trabalho que os alunos devem fazer para lembrar ou usar aquilo que aprenderam.

existir *e-xis-tir*
[O x nesta palavra tem som de z.]

1 Se uma coisa **existe**, ela é de verdade, ela acontece ou está no mundo, não é só da imaginação ou das histórias: você ou outra pessoa podem vê-la, ouvi-la, pegar nela, ou senti-la.

2 Pessoas, animais ou plantas que **existem** estão vivos. Os dinossauros não **existem** mais.

....

explicar *ex-pli-car*

Explicar é ajudar outra pessoa a entender melhor alguma coisa.
É também dizer como se faz uma coisa ou por que ela acontece.

fábrica | fada

fábrica *fá-bri-ca*
Uma fábrica é um lugar onde pessoas trabalham usando máquinas para fazer coisas que não existiam e que depois vão ser usadas. Fábrica de papel. Fábrica de chocolate.

faca *fa-ca*
Uma faca tem um cabo e uma parte comprida e bem fina. Serve para cortar coisas.

face *fa-ce*
1 A face é a parte da nossa cabeça onde está o rosto.

2 Face é também cada um dos lados do rosto, em volta da bochecha.

fácil *fá-cil*
Se uma coisa é fácil, você não precisa fazer muita força, ou tentar muitas vezes, ou prestar muita atenção ou pensar muito por causa dela. [O contrário de fácil é DIFÍCIL.]

fada *fa-da*
Uma fada é uma mulher, às vezes bem pequenina, que faz mágicas boas nas histórias.

falar | fantasia

falar *fa-lar*

Falar é fazer sons com a garganta, mexendo a boca e a língua, e usar esses sons para formar as palavras.

falta *fal-ta*

1 Falta quer dizer que alguém faltou, não veio, ou que uma coisa está faltando, que ela não existe ou não existe na quantidade necessária.
2 Em muitos jogos, uma falta é qualquer coisa que um jogador faz e que as regras dizem que não se pode fazer.

faltar *fal-tar*

1 Faltar é não estar num lugar, na hora em que precisava estar. Quem faltou à aula hoje?
2 Se você diz que falta para você alguma coisa, é porque você precisa dela e não a tem, ou não pode usar, ou o que tem não é suficiente. Falta sal na comida. Ontem, faltou luz lá em casa.

família *fa-mí-li-a*

1 A família da gente é formada por mãe, pai, irmãos e irmãs. Na família pode ter também os avós, os tios e os primos.
2 A sua família é também o grupo das pessoas que vivem na sua casa junto com você: os seus pais ou outros adultos que cuidam de você, e seus irmãos ou outras crianças e adolescentes.

fantasia *fan-ta-si-a*

1 Uma fantasia é uma roupa diferente, bem colorida, ou que imita roupas de personagens de histórias, e que as pessoas vestem para brincar em festas ou no carnaval.
2 Fantasia também é um nome para tudo o que a gente imagina e que não é de verdade.

fantasma | fazenda

fantasma *fan-tas-ma*

Um fantasma é como uma pessoa que não tem corpo, porque já morreu, e que mesmo sem corpo aparece nas histórias, dando, às vezes, susto nas pessoas.

farol *fa-rol*

1 Um farol é uma luz bem forte que se acende num lugar alto, para avisar de um perigo ou mostrar o caminho certo.
2 Os faróis do carro são as luzes bem fortes que ele tem para iluminar o caminho, quando está escuro.

3 Farol também é outra palavra para o sinal de trânsito que tem luzes.

fatia *fa-ti-a*

Uma fatia é um pedaço mais ou menos fino, cortado de uma coisa maior: de um bolo, de um pão, de uma porção grande de carne...

favor *fa-vor*

1 Um favor é uma coisa boa que alguém nos faz porque é amigo ou quer ajudar.
2 Quando a gente pede alguma coisa por favor, é porque aquilo não é uma ordem, a outra pessoa só faz se ela quiser.

fazenda *fa-zen-da*

1 Uma fazenda é um pedaço muito grande de terra que tem um dono. As terras da fazenda são para as pessoas trabalharem, plantando e colhendo alimentos ou criando animais.
2 Fazenda também é um pano, um tecido para roupas.

fazer | feio

fazer *fa-zer*

1 Fazer é mexer nas coisas para ter coisas novas, que não existiam antes. Peguei uma folha e fiz um barco de papel.
2 Fazer também serve para falar de qualquer atividade da gente, com o corpo ou com os pensamentos. O que você vai fazer hoje à tarde?
3 Fazer também quer dizer que, por causa de uma coisa, outras coisas acontecem. A fumaça me fez tossir e espirrar.

----

febre *fe-bre*

Quando a gente tem febre, o corpo fica bem mais quente, por causa de alguma doença. Não fui à escola porque estava com febre.

fechado *fe-cha-do*

Se uma coisa ou um lugar estão fechados, o que está dentro não pode sair, e o que está fora não pode entrar. [O contrário de fechado é ABERTO.]

----

feijão *fei-jão*

1 Feijão é o nome de uma comida preparada com muitos grãos de um tipo de planta, cozidos na água até ficarem moles.
2 O feijão também é a planta que dá esses grãos. Os grãos do feijão podem ser pretos, marrons ou brancos.

----

feio *fei-o*

1 Se uma coisa é feia, ou se você acha que ela é feia, você não gosta de vê-la, ou de ouvi-la.
2 As pessoas dizem que o dia está feio quando o céu está com muitas nuvens, ou quando está chovendo.
3 Feio também é aquilo que a gente não deve fazer ou

feira | fera

dizer na frente das pessoas, ou qualquer coisa má, ruim. É **feio** limpar o nariz com o dedo. É **feio** brigar com os colegas. [O contrário de feio é BONITO.]

feira *fei-ra*

Uma feira é um lugar aonde vão muitas pessoas para ver e comprar o que outras trouxeram para vender.

feliz *fe-liz*

Quando você está feliz, você se sente muito bem, porque gosta das coisas que estão acontecendo, e acha que nem precisa ficar melhor. [O contrário de feliz é INFELIZ.]

fêmea *fê-me-a*

Uma fêmea é um animal que, quando é adulto, pode ser mãe dos filhotes. A galinha é a **fêmea** do galo. [O contrário de fêmea é MACHO.]

feminino *fe-mi-ni-no*

1 O que é feminino é das mulheres e das meninas. Roupas femininas são as roupas que meninas e mulheres usam.
2 Feminino também pode ser das fêmeas de algum tipo de animal.

fera *fe-ra*

1 Uma fera é um animal grande e bravo que ataca outros, para comê-los.
2 Se você diz que uma pessoa ficou uma fera, ou virou fera, quer dizer que ela ficou muito zangada, querendo brigar.

feriado | fevereiro

feriado *fe-ri-a-do*
Feriado é um dia que não tem aulas na escola ou que não se trabalha.

....

férias *fé-ri-as*
As férias são uma parte do ano que os alunos não têm aulas na escola ou que um adulto não precisa ir trabalhar.

....

ferida *fe-ri-da*
Uma ferida é um lugar onde a pele ou outra parte do corpo não estão inteiras: têm um corte, um furo.

....

feroz *fe-roz*
Um animal feroz não está acostumado a ficar perto de pessoas e pode atacá-las, como fazem as feras.

....

ferro *fer-ro*
O ferro é um tipo de material, um metal. Ele é muito duro e pesado e pode ser usado para fabricar muitas coisas, como facas e tesouras, carros e trens, e para construir edifícios, pontes e navios.

....

ferver *fer-ver*
Quando a água ferve, ela fica cheia de bolhas, porque está muito, muito quente, e vai virando vapor.

....

festa *fes-ta*
1 Uma festa é o que acontece quando pessoas se juntam num lugar para se divertir. Na festa da escola teve dança e brincadeiras.
2 Uma festa também são coisas especiais que as pessoas fazem juntas para comemorar um dia especial.
O Natal e o carnaval são festas bem diferentes.

....

fevereiro *fe-ve-rei-ro*
Fevereiro é um dos doze meses do ano. Vem depois

fila | final

de janeiro e tem 28 dias. (De quatro em quatro anos, tem 29 dias.) pág. 261

fila *fi-la*

1 Uma fila é um jeito de arrumar coisas: tem uma coisa na frente, outra logo atrás da primeira, e outra atrás dessa, e assim mais outras, até acabar.
2 As pessoas também ficam em fila: é um jeito de pôr em ordem e cada um saber quando é a sua vez.

filha *fi-lha*

A filha de um casal é a menina que nasceu deles ou que eles criam.

filho *fi-lho*

O filho de um casal é o menino que nasceu deles ou que eles criam.

filhote *fi-lho-te*

Filhote é um animalzinho bem novo, que nasceu há pouco tempo e ainda precisa ter a mãe por perto.

filme *fil-me*

Um filme é uma história contada com imagens que parecem se mexer. Filme de cinema, filme de televisão.

fim

1 O fim é o lugar ou a parte que fica mais longe, e de lá não dá para continuar. Fomos até o fim do caminho.
2 O fim é a hora em que uma coisa para de acontecer ou de existir. É também o que acontece por último, ou o que a gente faz por último. Ficamos até o fim da festa.

final *fi-nal*

1 O final é o fim, a última parte. Pode ser também a parte que já está perto do fim.
2 Numa história com final

fino | focinho

feliz, tudo acaba bem, ou quase tudo.
3 Se uma coisa é final, ela é a última. O ponto-final vem depois da última palavra que se escreve. ← *Olha ele aqui!*

fino *fi-no*
1 Se uma coisa é fina, o lado da frente e o de trás, ou o esquerdo e o direito, ficam perto um do outro.
2 Um som ou uma voz também podem ser finos: a voz do passarinho é mais fina do que o som do trovão. [O contrário de fino é GROSSO.]

um inseto mais fino do que outro

fio *fi-o*
1 Um fio é um pedaço bem fino de algum material. Fios de cabelo. Os tecidos das roupas são feitos com fios.
2 Os fios elétricos são feitos de metal, e por eles a eletricidade chega até as lâmpadas e outros aparelhos.

flauta *flau-ta*
A flauta é um instrumento de música. Ela é comprida e tem vários furos, por onde sai o ar que se sopra nela com a boca. Fechando os furos com os dedos, o som vai mudando.

flor
A flor é uma parte colorida da planta, onde ficam os grãos bem pequenos que depois, quando se juntam, fazem as sementes. Muitas flores têm também perfume.

floresta *flo-res-ta*
Uma floresta é um lugar grande, onde crescem muitas árvores diferentes e outros tipos de plantas, e onde quase sempre também vivem animais. [Também se diz mata.]

focinho *fo-ci-nho*
O focinho é a parte comprida da cabeça de alguns animais.

fogão | folha

No focinho ficam o nariz, a boca e o queixo. Cães, gatos, cavalos, bois, porcos, ratos e muitos outros bichos têm focinho.

fogão *fo-gão*

O fogão serve para cozinhar comida em panelas. Nele, o fogo que se acende pode ficar mais alto e forte ou mais fraco, sem se espalhar nem queimar a comida.

fogo *fo-go*

1 O fogo é luz e calor que aparecem juntos, bem fortes, como se saíssem de uma coisa que está queimando. A parte mais brilhante do fogo é a chama: ela pode ser amarela, vermelha ou azul, e às vezes se mexe.
2 Os fogos de artifício são coisas preparadas para queimar formando luzes coloridas e que as pessoas gostam de acender e ver em festas.

fogueira *fo-guei-ra*

Uma fogueira é um fogo mais ou menos grande, com bastante lenha, que se acende fora de casa, em festas, ou para esquentar quando faz frio.

foguete *fo-gue-te*

1 Um foguete sobe longe no céu, ou voa rápido, sem ter asas. Ele sobe e voa porque da parte de trás saem, com muita força, fogo e gás queimado.
2 Um foguete também é um brinquedo que sobe alto e estoura, fazendo barulho ou formando luzes coloridas. Esses foguetes podem às vezes estourar perto do chão, e por isso são muito perigosos.

folha *fo-lha*

1 As folhas são as partes verdes das plantas. São finas e mais ou menos lisas. As folhas ajudam a planta a respirar e também a preparar os alimentos feitos por ela mesma.

2 Folha é também um pedaço bem fino de papel, cortado num tamanho certo. Os cadernos e os livros são feitos com folhas de papel.

fome *fo-me*

Fome é o que nós sentimos quando precisamos de comida, porque o corpo já está ficando fraco.

fora *fo-ra*

1 Se você está fora de um lugar, você não está dentro dele, mas está num lugar perto. [O contrário de fora é DENTRO.] pág. 257
2 Pôr fora ou jogar fora uma coisa é não ficar com ela nem dar para ninguém; é deixar que levem para o lixo.

força *for-ça*

Força é o que a gente precisa ter e usar para fazer qualquer trabalho ou atividade: mexer o corpo, mexer as coisas. Os motores são máquinas que também têm força: eles usam a energia para empurrar ou puxar as coisas.

forma *for-ma*
[Você fala como se escrevesse com ó.]

1 Uma forma é um desenho feito com uma ou algumas linhas.
2 A forma do corpo ou de uma coisa é o desenho que a gente vê ou imagina ver quando olha para eles.

forma *for-ma*
[Você fala como se escrevesse com ô]

Uma forma serve para dar o desenho e o tamanho certos para uma coisa que a gente está fazendo. **Forma** de bolo.

formar | fraco

formar *for-mar*

Formar é ser parte de uma coisa maior, uma parte que se junta ou se combina com outras. Os alunos formaram uma fila para entrar na sala.

formiga *for-mi-ga*

A formiga é um animal, um inseto. As formigas formam grupos bem grandes estão sempre trabalhando e fazem formigueiros dentro do chão ou nas árvores.

forte *for-te*

1 Uma pessoa forte consegue carregar ou empurrar coisas pesadas, aguenta trabalhar e correr muito, sem se cansar, tem boa saúde e quase não fica doente.
2 Uma coisa forte é difícil de quebrar, de partir ou rasgar, ou não se estraga facilmente.
3 Uma cor forte, ou um gosto, som ou cheiro fortes, são fáceis de perceber, a gente não confunde com outros.
4 Um time forte é um time que joga bem e ganha muitas partidas. [O contrário de forte é FRACO.]

foto *fo-to*

Foto é uma palavra mais curta para dizer fotografia.

fotografia *fo-to-gra-fi-a*

Uma fotografia é como um desenho das coisas feito pela luz que vem delas e que aparece num filme ou num papel especial. Nós usamos a fotografia para fazer retratos de pessoas ou das coisas.

fraco *fra-co*

1 Uma pessoa fraca não tem muita força para carregar coisas pesadas, ou fica logo cansada, ou não está com boa saúde.
2 Uma coisa fraca se quebra ou se parte facilmente, não

frente | fruto

aguenta coisas pesadas. Essa corda é **fraca**, vai arrebentar se você puxar com força.
3 Um time fraco é um time que perde muitas partidas. [O contrário de fraco é FORTE.]

frente *fren-te*
1 A frente é a direção para onde nós olhamos, quando a cabeça não está virada para um dos lados. Andar para a frente. Seguir em frente.
2 A parte da frente do nosso corpo é onde estão o peito e a barriga. Na parte da frente da cabeça fica o rosto.
3 A parte da frente de uma coisa é a que fica no começo, e as outras vêm depois. A **frente** de uma fila. A locomotiva fica na **frente** do trem.
4 Se você está em frente a alguma coisa, ou na frente de alguma coisa, você pode olhar direto para ela.
🔍 pág. 257

frio *fri-o*
1 Quando nós sentimos frio, temos vontade de vestir casaco ou uma outra roupa, ou temos vontade de ficar perto do fogo ou de alguma coisa quente.
2 Se uma coisa é fria, nós podemos sentir na pele que ela não é tão quente como o nosso corpo. (Também podemos usar um termômetro e ver qual é a temperatura: as coisas frias têm temperatura baixa.) [O contrário de frio é QUENTE.]

fruta *fru-ta*
Fruta é o nome que a gente dá aos frutos que são bons de comer.

fruto *fru-to*
Um fruto é parte da planta onde ficam as sementes, das

fugir | fundo

quais novas plantas podem crescer. Muitos frutos são bons para comer, por exemplo: frutas, e também a ervilha, o tomate, o chuchu, o amendoim, a noz.

fugir fu-gir

Fugir é sair rápido ou escondido para não ficar num lugar onde há perigo ou onde se estava preso.

fumaça fu-ma-ça

Fumaça é o que nós vemos subir pelo ar quando uma coisa queima, pega fogo. 
A fumaça é o vapor da água, misturado com pedacinhos daquilo que pega fogo.

funcionar fun-ci-o-nar

1 Se uma máquina funciona, ela pode ser usada para fazer um trabalho, porque serve bem, ajuda a fazê-lo e não está quebrada.
2 Se uma ideia, uma tentativa ou um plano funcionam, eles dão certo, as coisas acontecem como a gente queria.

fundo fun-do

1 Um lugar fundo vai até bem longe, para baixo do chão, ou tem a parte inferior muito mais baixa do que o chão.
Buraco fundo. Lagoa funda.
[O contrário de fundo é RASO.]
2 Um corte fundo vai até bem dentro da pele.
3 O fundo é a parte de baixo ou de trás de algumas coisas.
O fundo do copo. O fundo do rio. O fundo da caixa.

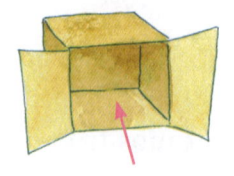

furo | futuro

furo *fu-ro*

Um furo é um lugar vazio numa coisa. Pode ser porque faltou encher, ou porque um pedaço saiu ou alguém o tirou.
Furo na parede.
Furo na roupa.

futebol *fu-te-bol*

O futebol é um jogo e um esporte. Os jogadores têm que chutar a bola e fazê-la entrar num retângulo grande, o gol, e os jogadores do outro time tentam atrapalhar.
🔍 pág. 259

futuro *fu-tu-ro*

O futuro é um tempo, o tempo que ainda não passou, e as coisas que ainda vão acontecer. O dia de amanhã e o ano que vem estão no futuro. O que você vai ser no **futuro**, quando for adulto?

gaiola | galo

Gg

gaiola *gai-o-la*

A gaiola é uma caixa cercada por grades, onde são colocados pássaros e bichos pequenos. Não gosto de ver passarinhos em gaiola.

gaivota *ga-i-vo-ta*

A gaivota é um pássaro. Ela se alimenta de peixes pequenos.

galho *ga-lho*

Os galhos de uma árvore são as partes que nascem do tronco da árvore. Nos galhos nascem as folhas, flores ou frutas.

galinha *ga-li-nha*

A galinha é a fêmea do galo. Ela é a mãe dos filhotes, os pintos. Usamos os ovos e a carne da galinha como alimento.

galo *ga-lo*

O galo é uma ave. É o macho da galinha.

ganhar | gás

ganhar *ga-nhar*

1 Se você ganha uma coisa que você quer, ou um prêmio, ou um presente, alguém os dá a você porque você pediu, ou porque você merece, ou porque é seu aniversário.
2 Se você ganha um jogo é porque você fez mais pontos do que os outros, ou porque conseguiu acabar o jogo antes de todos. [O contrário de ganhar é PERDER.]

ganso *gan-so*

O ganso é uma ave grande, com pescoço comprido. Os gansos costumam voar em bandos.

garfo *gar-fo*

Usamos um garfo para levar comida à boca. O garfo é dividido em três ou quatro partes pontudas, que ajudam a segurar a comida que a gente quer cortar e pôr na boca.

garganta *gar-gan-ta*

A garganta fica no fundo da boca. É por onde engolimos os alimentos e por onde passa o ar que respiramos.

garota *ga-ro-ta*

Uma garota pode ser uma menina pequena, de pouca idade, ou uma moça.

garoto *ga-ro-to*

Um garoto pode ser um menino pequeno, de pouca idade, ou um rapaz.

garrafa *gar-ra-fa*

1 Uma garrafa é usada para guardar bebidas. É feita de vidro ou plástico.
2 A garrafa térmica é uma garrafa especial que não deixa uma bebida quente dentro dela esfriar, ou uma bebida fria esquentar.

gás

Um gás é como o ar que respiramos: não é líquido, nem

gastar | gêmeo

sólido. Existem vários tipos de gás. Usamos gás para cozinhar, iluminar, aquecer e para muitas outras coisas.

gastar *gas-tar*

1 Gastar é usar dinheiro para comprar coisas. Você **gastou** todo o seu dinheiro nessa bola?
2 Gastar também é fazer diminuir de tamanho ou estragar, de tanto usar. Já **gastei** quase toda a borracha.

gato *ga-to*

O gato é um animal de pelo macio e rabo comprido. A fêmea do gato é a gata.

geladeira
ge-la-dei-ra

A geladeira é como uma caixa grande, e é usada para guardar comidas. É bem fria por dentro, para manter as comidas frescas e sem estragar.

gelado *ge-la-do*

Uma coisa gelada está muito fria. Só gosto de água **gelada**.

geleia *ge-lei-a*

Geleia é um doce feito de frutas, meio mole, que se passa no pão.

gelo *ge-lo*

Gelo é água que congela, que fica sólida, dura, por causa do frio.

gema *ge-ma*

A gema é a parte amarela e redonda do ovo.

gêmeo *gê-me-o*

Dois irmãos gêmeos, ou duas irmãs gêmeas, nasceram da mesma mãe e no mesmo

gente | gigante

dia, com alguns minutos de diferença. Alguns gêmeos são iguais, é difícil dizer quem é um, quem é outro. Mas existem gêmeos que são bem diferentes.

gente gen-te

1 Gente quer dizer muitas pessoas (mulheres, homens, crianças). No carnaval sempre tem muita gente na rua.

2 Gente também pode querer dizer uma pessoa só. Quando nosso papagaio fala, parece gente...

3 Às vezes, "a gente" também quer dizer "nós". Por exemplo: quando falamos "A gente gosta da professora", é o mesmo que dizer "Nós gostamos da professora".

gesto ges-to

O gesto é um movimento que se faz com as mãos ou com a cabeça para dizer alguma coisa, por exemplo, para dar adeus, para dizer 'não'.

gibi gi-bi

Um gibi é uma revista com histórias em quadrinhos.

gigante gi-gan-te

1 O gigante é um homem muito grande, muito maior que um homem de verdade, e que aparece em histórias para crianças.

2 Uma coisa gigante é muito maior do que outras coisas do mesmo tipo. Vimos uma boneca gigante numa loja.

girafa | gordo

girafa *gi-ra-fa*
A girafa é um animal de pernas e pescoço muito longos. É o animal mais alto que existe.

giz
Giz é o que se usa para escrever no quadro-negro. É feito com o pó de um tipo de pedra branca.

goiaba *goi-a-ba*
A goiaba é uma fruta. Tem goiabas que são vermelhas por dentro e outras que são brancas.

goiabada *goi-a-ba-da*
A goiabada é um doce que se faz com a goiaba que é vermelha por dentro.

gol
1 Num campo de futebol, o gol é uma área cercada por uma rede, onde os jogadores tentam fazer a bola entrar para ganhar pontos, ou para ganhar o jogo.
2 Fazer um gol significa conseguir chutar a bola para dentro dessa área.
3 Gol também é o ponto que o time do jogador ganha quando ele faz um gol. Perdemos o jogo por dois gols de diferença.

gola *go-la*
Gola é a parte da blusa, da camisa ou do vestido que fica em volta do pescoço.

golfinho *gol-fi-nho*
O golfinho é um animal que vive no mar, mas não é peixe; ele é um mamífero.

gordo *gor-do*
Uma pessoa gorda tem o corpo bem largo e pesado.

gostar | grama

gostar *gos-tar*

1 Se você gosta de uma pessoa, você acha que ela é boa e sente carinho por ela.
2 Se você gosta de uma coisa, você a acha bonita ou boa. Se você gosta de uma comida, você a acha gostosa. Qual a cor de que você mais gosta?

branco vermelho
  verde
amarelo
       azul

3 Se você gosta de fazer alguma coisa é porque você fica feliz quando a faz. Você gosta de cantar?

....

gosto *gos-to*
[Você fala esta palavra como se escrevesse o primeiro *o* assim: ô.]
O gosto de alguma coisa é o sabor que ela tem e que você sente na língua quando a come ou toma. Sorvete de tapioca tem um gosto muito bom!

gostoso *gos-to-so*
Uma comida ou bebida gostosas têm gosto bom.

....

gota *go-ta*
Gota é uma quantidade muito pequena de líquido, que cai como uma bolinha.

....

graça *gra-ça*

1 Se uma coisa que alguém conta, diz, ou faz tem graça é porque essa coisa é engraçada e nos faz rir. Não achei nenhuma graça na sua brincadeira...
2 Se uma coisa é de graça, você não precisa pagar nada por ela. Com esse creme veio um xampu de graça. [Também se diz grátis.]

....

grama *gra-ma*
A grama é uma planta verde com folhas muito finas, que não cresce muito. É usada em jardins, para cobrir a terra.

gramado | gritar

gramado *gra-ma-do*
Um gramado é um pedaço de terra coberto de grama.

grande *gran-de*
1 Uma coisa grande é comprida, ou comprida e larga.
2 Uma pessoa grande é alta, ou alta e gorda.
3 Se um grupo de pessoas ou uma turma é grande, tem muitas pessoas neles.
4 Se as coisas que você sente (como alegria, tristeza, saudade) são grandes, você as sente de uma maneira muito forte. [O contrário de grande é PEQUENO.]

grão
1 Grão é o nome das sementes de várias plantas, como arroz, feijão, milho.
2 Grão é também um pedaço muito pequenino de alguma coisa, como os grãos de areia e os grãos de sal.

grátis *grá-tis*
Se uma coisa é grátis, você não precisa pagar nada por ela. O circo é grátis para crianças muito pequenas.

gravar *gra-var*
Quando você grava uma música, um filme, um programa de televisão, você os copia numa fita, num disco ou num CD para ouvir ou ver numa outra hora.

grilo *gri-lo*
O grilo é um inseto que dá grandes saltos, por ter as pernas de trás maiores que as da frente.

gripe *gri-pe*
A gripe é um resfriado muito forte, em que, além de espirrar e tossir, a pessoa sente dor no corpo e pode ter febre.

gritar *gri-tar*
Quando você grita, você fala alguma coisa com a voz muito

grito | guarda

alta, ou porque você quer que alguém que está longe ouça, ou porque você está zangado ou assustado.

....

grito *gri-to*
O grito é a voz muito alta de quem grita.

....

grosso *gros-so*
1 Se uma coisa é grossa, há uma grande distância entre os dois lados dela. Por exemplo, a sola de um tênis é grossa.

grosso
grossa

2 Uma voz também pode ser grossa: a voz dos homens é mais grossa do que a das mulheres. [O contrário de grosso é FINO.]

....

grudar *gru-dar*
Quando uma coisa gruda em outra, as duas ficam juntas, sem se soltar e sem ninguém precisar segurar.

....

grupo *gru-po*  
1 Um grupo de pessoas ou de coisas são várias pessoas ou coisas juntas.
2 Um grupo também é uma banda de músicos.

....

guaraná *gua-ra-ná*
Guaraná é uma planta da Floresta Amazônica. Das sementes se faz uma bebida, também chamada guaraná.

....

guarda
guar-da 
Um guarda é uma pessoa que tem como trabalho tomar conta de bairros, ruas, estradas, parques ou florestas.

·· 127 ··

guarda-chuva | guloso

guarda-chuva
guar-da-chu-va

Usamos um guarda-chuva quando chove, para não nos molhar na chuva.

guardar *guar-dar*

1 Quando guarda alguma coisa, você a coloca num lugar que você pode fechar, ou onde outras pessoas não podem vê-la ou pegá-la. **Guardo** os meus desenhos numa pasta.
2 Se você guarda um segredo, você não o conta para ninguém.

guarda-sol *guar-da-sol*

Um guarda-sol é como um guarda-chuva, mas o usamos para nos proteger do Sol.

guitarra *gui-tar-ra*

A guitarra é um instrumento que se parece com o violão, mas que também pode funcionar com eletricidade.

guloso *gu-lo-so*

A pessoa gulosa quer comer sempre que vê uma comida, mesmo sem estar com fome.

Hh

habitante
ha-bi-tan-te

Um habitante de um lugar é qualquer pessoa que vive nesse lugar. Os habitantes de uma casa são as pessoas que moram nela. Uma cidade tem muitos habitantes; uma aldeia tem poucos.

hélice *hé-li-ce*

A hélice é feita para rodar bem rápido e empurrar com força o ar ou a água. Ela é usada em motores de alguns aviões, barcos e navios e nos helicópteros.

helicóptero *he-li-cóp-te-ro*

O helicóptero pode levar pessoas e coisas pelo ar. Ele voa, mas é diferente do avião porque tem uma grande hélice deitada, que pode fazer com que ele fique parado no ar, como o beija-flor.

herói *he-rói*

1 O herói e a heroína são os personagens principais de uma história que tem muitas aventuras.

heroína | hoje

2 Um herói, ou uma heroína, também é alguém que faz coisas difíceis ou corajosas para ajudar os outros.

heroína he-ro-í-na
A heroína é como o herói – a única diferença é que ela é mulher.

higiene hi-gi-e-ne
A higiene é tudo o que fazemos para o corpo, os lugares e os alimentos ficarem limpos.

hino hi-no
Um hino é uma música que foi feita ou escolhida para lembrar um país, uma cidade, um time de futebol, ou qualquer outro grupo de pessoas.

hipopótamo hi-po-pó-ta-mo
O hipopótamo é um animal grande e pesado. Ele vive perto dos rios, come plantas e passa quase todo o tempo dentro da água.

história his-tó-ri-a
1 Uma história é feita de palavras e desenhos, música, ou até dança, que dizem e mostram o que aconteceu com uma pessoa ou muitas. As coisas que acontecem nas histórias podem ser imaginadas por quem conta ou podem ser de verdade.
2 Uma história em quadrinhos é contada com desenhos em que vão aparecendo as coisas que acontecem na história. [Também se diz só quadrinhos.]

hoje ho-je
Hoje quer dizer que uma coisa acontece, aconteceu ou vai

homem | horrível

acontecer no mesmo dia em que a gente está falando ou escrevendo. Hoje tem aula?

....

homem ho-mem

1 Um homem é um menino que cresceu e ficou adulto.
2 Homem também pode ser um menino ou um adulto, qualquer pessoa que não é mulher adulta nem menina. Minha avó teve cinco filhos, todos homens.
3 O homem, ou os homens, também quer dizer todas as pessoas, todos os seres humanos (adultos ou crianças, mulheres ou homens), quando a gente pensa neles como um grupo, diferentes das coisas e dos outros animais.
O homem não deve destruir a natureza.

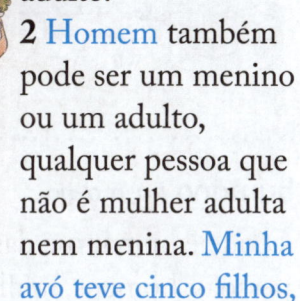

....

hora ho-ra

1 A palavra hora serve para dizermos quando é que uma coisa acontece, ou em que tempo nós fazemos as coisas. Está na hora de almoçar. Na hora em que começou a chover, voltamos para casa.
2 Uma hora é também uma parte do dia. Nós medimos o tempo do dia em horas: um dia inteiro tem 24 horas, e cada hora tem 60 minutos.
🔍 pág. 261

....

horário ho-rá-ri-o

1 O horário é a hora certa ou combinada para começar e terminar uma atividade.
O horário do recreio e da merenda – quer dizer, quando começam e até que horas vão.
O horário do ônibus, do trem, do barco – quer dizer, que horas eles saem, chegam ou passam na estação.
2 O horário é também uma lista em que estão escritas coisas que a gente faz e a hora certa de fazê-las.

....

horrível hor-rí-vel

Uma coisa horrível é muito feia ou muito ruim, ou dá muito medo. Ele inventou

horta | humor

uma história cheia de monstros **horríveis**.

horta *hor-ta*

Uma horta é um pedaço não muito grande de terra, onde se plantam verduras, legumes ou outros alimentos: mandioca, milho, couve… Nela se trabalha com as mãos e com a enxada.

hortaliça *hor-ta-li-ça*

Uma hortaliça é uma planta que cresce na horta e pode ser usada como alimento. Os legumes e as verduras são hortaliças.

hospital *hos-pi-tal*

Um hospital é uma casa grande, onde médicos e enfermeiros cuidam das pessoas que estão doentes ou muito machucadas.

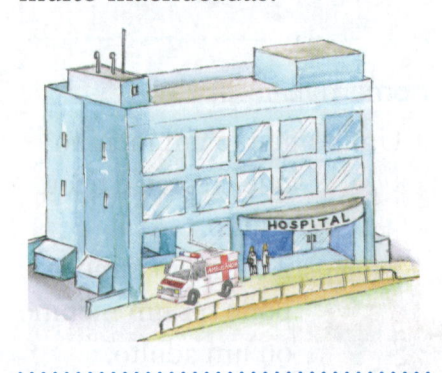

humano *hu-ma-no*

O que é humano é das pessoas, homens, mulheres, meninas, meninos, e não dos bichos, nem das plantas, nem das coisas.
Um ser humano é uma pessoa, é gente. O corpo humano é o corpo das pessoas, diferente do corpo de outros animais.

humor *hu-mor*

Humor é uma palavra para dizer como a gente se sente. Quem está de bom humor está alegre e feliz. Quem está de mau humor parece que não gosta de nada.

Ii Ii

ida i-da
A ida é o caminho ou a viagem que a gente faz quando vai para algum lugar. Na ida para a escola, tropecei e caí. [O contrário de ida é VOLTA.]

idade i-da-de
A idade de uma pessoa é o tempo em que ela está viva, o número de anos de vida que ela tem.

ideia i-dei-a
Uma ideia é o que você pensa, quando está tentando entender uma coisa ou resolver o que vai fazer. Você diz que tem uma ideia quando de repente imagina uma coisa interessante ou que pode ajudar no que você precisa. Tive uma boa ideia para escrever uma história.

igual i-gual
1 Nós dizemos que uma coisa é igual a outra, se não há diferença entre elas.

ilha | imenso

2 Dois pedaços iguais têm o mesmo tamanho.
3 Igual também serve para dizer o número que a gente procura, quando faz uma conta. Três mais dois é igual a cinco (ou 3+2=5). [O contrário de igual é DIFERENTE.]

ilha *i-lha*

Uma ilha é um pedaço de terra com água em volta — só se pode chegar até lá ou sair de lá de barco, de avião, por uma ponte ou nadando.

iluminar *i-lu-mi-nar*

Iluminar uma coisa ou um lugar é fazer a luz chegar até eles e deixá-los mais claros. De dia, a luz do Sol ilumina tudo.

imagem *i-ma-gem*

Uma imagem é o que nós vemos nos espelhos, nos retratos, nas fotografias, no cinema, na televisão e nos sonhos. Nós vemos a imagem, mas a coisa mesmo não está lá.

imaginar *i-ma-gi-nar*

1 Imaginar é pensar numa coisa como se ela existisse de verdade. Imagine se a gente viajasse para a Lua...
2 Você também pode imaginar uma coisa pensando nela e achando que ela pode existir ou acontecer.

imediatamente
i-me-di-a-ta-men-te

Se alguém pede que você faça uma coisa imediatamente, ele não quer que você demore ou deixe para depois.

imenso
i-men-so

Uma coisa imensa é muito grande. [Também se diz enorme.]

imitar | inclinado

imitar *i-mi-tar*
1 Imitar uma pessoa é fazer as mesmas coisas que ela faz ou falar de novo as mesmas coisas que ela fala – pode ser de brincadeira ou a sério.
2 Imitar um bicho ou uma coisa é fazer os movimentos ou os sons parecidos com os deles. Meu irmão sabe imitar a voz do papagaio.

ímpar *ím-par*
Quando você divide um número ímpar por 2, sempre fica sobrando 1. Os números ímpares são 1, 3, 5, 7, 9, 11... [O contrário de ímpar é PAR.]

importante *im-por-tan-te*
1 Uma coisa é importante para você se você precisa ou gosta muito dela, ou pensa muito nela.
2 Uma pessoa é importante se muitas outras pessoas querem ou precisam saber o que ela diz ou faz.

impossível *im-pos-sí-vel*
1 As coisas impossíveis são aquelas que nós sabemos que não podem existir ou não podem acontecer. É impossível estar em dois lugares ao mesmo tempo.
2 Se uma coisa é impossível para você, você não pode ou não consegue fazê-la de jeito nenhum. A bola passou muito alto, foi impossível agarrá-la.

imundo *i-mun-do*
Imundo quer dizer muito sujo.

incêndio *in-cên-di-o*
Um incêndio é um fogo muito grande que vai queimando todas as coisas de um lugar e que se espalha.

inclinado *in-cli-na-do*
O que está inclinado não está nem completamente em pé, nem deitado.

Este livro está inclinado.

índio | inseto

índio *ín-di-o*

Os índios eram os povos que já viviam há muito tempo nas terras do Brasil e de outros países da América, antes de chegarem aqui pessoas de terras distantes. Hoje, os índios são esses povos que continuam vivendo juntos e de um modo um pouco parecido com o dos índios de antigamente.

infância *in-fân-ci-a*

A infância é a parte da nossa vida em que somos crianças, em que vamos crescendo para ficar adultos. Começa quando nascemos e vai até a adolescência.

infantil *in-fan-til*

Infantil é tudo o que é das crianças ou que é feito especialmente para as crianças. Roupas infantis.

informação *in-for-ma-ção*

Uma informação é alguma coisa que a gente precisa saber ou que fica sabendo, e que pode servir para a gente fazer outras coisas.

inhame *i-nha-me*

O inhame é um legume.

início *i-ní-ci-o*

Início é a mesma coisa que começo. Procure a palavra começo, na letra C, para saber mais e ver uma ilustração.

inimigo *i-ni-mi-go*

1 O inimigo de uma pessoa é alguém que não gosta dela, ou que tenta fazer coisas ruins para ela.
2 Numa guerra, o inimigo é o grupo ou o país que luta contra o nosso grupo ou o nosso país. [O contrário de inimigo é AMIGO.]

inseto *in-se-to*

Os insetos são um tipo de animal. Eles são pequenos, têm antenas na cabeça e seis pernas. Muitos têm asas. Moscas e mosquitos,

instrumento | ivenção

formigas, borboletas e besouros são insetos.

....

instrumento ins-tru-men-to
1 Um instrumento é uma coisa que a gente usa para poder fazer um trabalho. O relógio é um instrumento para medir o tempo.
2 Os instrumentos de música são usados para fazer os sons das músicas. O violão, o piano, a flauta e o tambor são instrumentos.

....

inteiro in-tei-ro
Uma coisa inteira não está quebrada, não está menor ou sem algum pedaço. Engoli a bala inteira. A família inteira estava na festa.

....

interessante in-te-res-san-te
Uma coisa interessante faz a gente querer continuar prestando atenção nela.

internet in-ter-net
É uma palavra da língua inglesa, onde inter significa internacional e net significa rede. A internet é um meio que você usa para trocar e-mails e compartilhar arquivos como fotos e músicas, com qualquer pessoa, em qualquer horário e local do mundo. Você também pode usar a internet para pesquisas, jogos, ver vídeos etc. Pedrinho passou a tarde toda na internet pesquisando para a lição de casa.

....

intestino in-tes-ti-no
O intestino é uma parte do corpo. Fica dentro da barriga, e é como um tubo por onde o que nós comemos e bebemos vai passando até sair do corpo.

....

invenção in-ven-ção
Uma invenção é qualquer

·· 137 ··

coisa inventada, que existe porque alguém pensou e teve ideia de fazer.

....

inventar *in-ven-tar*

1 Inventar uma coisa é ter pela primeira vez a ideia de fazê-la, quando ela não foi feita por ninguém. Inventar também é fazer ou construir essa coisa pela primeira vez. Quem inventou a roda?
2 Inventar também é imaginar coisas que não aconteceram, ou contar essas coisas como se elas tivessem acontecido. Inventar uma história é divertido, mas inventar uma mentira é feio.

....

inverno
in-ver-no

O inverno é uma estação do ano. É a parte do ano em que faz mais frio. Em alguns lugares mais quentes, o inverno é o nome da época do ano em que chove mais.

invisível *in-vi-sí-vel*

Se uma coisa é ou está invisível, nós não podemos vê-la ou enxergá-la. O ar é invisível. Existem coisas tão pequenas que são invisíveis para os nossos olhos.

....

ir

1 Ir é sair do lugar onde se está para poder estar em outro. Para onde você vai agora?
2 Nós também usamos a palavra ir quando falamos de coisas do futuro, que ainda não aconteceram. Amanhã, Pedro vai brincar o dia inteiro.

....

irmã *ir-mã*

A irmã de uma pessoa é filha dos mesmos pais que essa pessoa. Pode ser também filha só da mesma mãe ou só do mesmo pai.

....

irmão *ir-mão*

O irmão de uma pessoa é filho dos mesmos pais que essa pessoa. Pode também ser filho só da mesma mãe ou só do mesmo pai.

Jj

jabuti | **janeiro**

jabuti *ja-bu-ti* 
O jabuti é um animal. Ele anda devagar e tem uma casca bem dura por cima do corpo, onde ele pode esconder a cabeça.

jabuticaba *ja-bu-ti-ca-ba*
A jabuticaba é uma fruta pequena e escura, de gosto bem doce.

jaca *ja-ca* 
A jaca é uma fruta bem grande, de casca grossa e áspera e de gosto doce.

jacaré *ja-ca-ré*
O jacaré é um animal, um réptil. Tem pele grossa e uma boca muito grande e forte. Vive sempre perto dos rios.

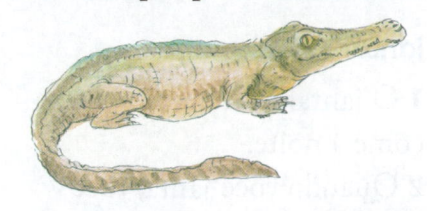

janeiro *ja-nei-ro*
Janeiro é o primeiro dos doze meses do ano. Tem 31 dias e

janela | jato

vem depois de dezembro do ano que acabou de passar.
🔍 pág. 261

janela *ja-ne-la*

Uma janela é uma parte aberta na parede de uma casa. Por ela entram luz e ar e se pode ver o que está lá fora. Há também janelas em carros, ônibus, aviões...

jangada *jan-ga-da*

A jangada é um barco a vela, feito com alguns pedaços grandes de madeira amarrados.

jantar *jan-tar*

1 O jantar é a refeição que se come à noite.
2 Quando você janta, você come essa refeição.

jardim *jar-dim*

1 Um jardim é um lugar aberto, fora de casa, com muitas plantas bonitas.

2 Jardim de infância é uma escola para crianças bem pequenas, com atividades e brincadeiras.
3 Jardim zoológico é um lugar bem grande, numa cidade, onde ficam presos animais selvagens para as pessoas poderem ver mais de perto. [É também chamado de zoológico ou zoo.]

jato *ja-to*

1 Um jato é água, ar, ou outro líquido, ou gás, que sai com muita força de alguma coisa ou de algum lugar.
O cano furou e levei um jato de água na cara.
2 Os aviões a jato e os foguetes usam a força de um jato de ar ou de gás para irem para a frente ou para cima.

jaula | jogar

jaula *jau-la*
Uma jaula é uma grande caixa ou um lugar com barras fortes, onde podem ficar presos animais ferozes, ou outros.

jegue *je-gue*
O jegue é um animal parecido com o cavalo, mas menor e com orelhas mais compridas. É usado para carregar coisas pesadas.

jerimum *je-ri-mum*
Jerimum é a mesma coisa que abóbora. Procure a palavra abóbora, na letra A, para saber mais e ver uma ilustração.

joaninha *jo-a-ni-nha*
A joaninha é um animal, um inseto. Ela tem o corpo bem redondo e colorido.

joelho *jo-e-lho*
O joelho é uma parte do corpo. Ele tem um osso redondo. É no joelho que a perna dobra.
🔍 pág. 256

jogador *jo-ga-dor*
Um jogador é quem joga um jogo – sozinho ou com outras pessoas.

jogar *jo-gar*
1 Jogar um jogo é fazer as atividades ou tarefas desse jogo; é participar dele para se divertir, ou numa competição.
Vamos jogar bola?
2 Se você joga uma coisa, você usa a força para fazê-la ir pelo

ar, até cair no chão ou bater em algum lugar. **Jogou** a bola bem longe.
3 Jogar fora uma coisa é pô-la no lixo.

jogo *jo-go*

Um jogo é uma atividade que a gente faz porque quer, porque gosta, para se divertir. Um jogo tem uma tarefa difícil que a gente tenta fazer, mas não pode fazer de qualquer jeito – tem que obedecer às regras.

Tem jogos de correr e de pular, jogos com bola, jogos de falar e adivinhar, jogos com cartas e figuras... Alguns jogos a gente joga sozinho, e em outros tem que tentar ganhar dos jogadores que jogam contra a gente.

joia *joi-a*

Uma joia é um enfeite muito bonito e caro que se põe numa parte do corpo ou na roupa. As joias são feitas com ouro, prata ou pedras preciosas.

jornal *jor-nal*

1 Um jornal tem folhas grandes de papel, onde podemos ler as notícias, as coisas importantes que aconteceram há pouco tempo. Muitos jornais são feitos todos os dias, com as notícias de cada dia que passou.
2 Um jornal na televisão é diferente: vemos as imagens do que aconteceu e alguém que lê as notícias.

jovem *jo-vem*

Uma pessoa jovem é alguém que já não é uma criança nova e ainda não é adulta, ou só está começando a ficar adulta.

judô *ju-dô*

O judô é um tipo de luta, mas com regras. Cada um dos dois lutadores tenta derrubar o outro para vencer a luta. O judô é também um esporte.

🔍 pág. 258

julho | junto

julho *ju-lho*
Julho é um dos doze meses do ano. Tem 31 dias e vem depois de junho. 🔍 pág. 261

jumento *ju-men-to*
Jumento é a mesma coisa que jegue. Procure a palavra jegue para saber mais.

junho *ju-nho*
Junho é um dos doze meses do ano. Tem 30 dias e vem depois de maio. 🔍 pág. 261

juntar *jun-tar*
1 Se você junta várias coisas, você as coloca no mesmo lugar, ou bem perto umas das outras. Juntei todos os lápis no estojo.
2 Se muitas pessoas se juntam, elas se encontram e ficam perto, ou formam um grupo.

junto *jun-to*
1 Se duas coisas ou pessoas estão juntas, elas estão bem perto uma da outra, ou se encostam. Guardei os livros juntos.
2 Junto também serve para dizer que duas coisas acontecem ao mesmo tempo, ou quase. Cada um veio por um caminho, mas chegaram juntos.
3 Se uma pessoa faz uma coisa junto com outra, ela fica perto da outra e elas fazem a mesma coisa ao mesmo tempo. As amigas brincam juntas. Maria gosta de brincar junto com suas primas.

karaokê | kiwi

karaokê *ka-ra-o-kê*

[Também se escreve caraoquê.] Karaokê é uma maneira de se divertir cantando uma música (muitas vezes com um microfone) com acompanhamento de instrumentos musicais, geralmente de uma gravação, às vezes lendo a letra da música projetada numa tela.

ketchup

[Você fala essa palavra assim: QUETCHÁP.]
O *ketchup* é um molho feito de tomate e alguns temperos, que se põe na comida, principalmente em macarrão e outras massas. Muitos também gostam de pôr *ketchup* na batata frita.

kiwi *ki-wi*

[Também se escreve quiuí.] O kiwi é uma frutinha de casca marrom, mas o interior é de um verde muito bonito. É azedinha e gostosa.

lá | lado

Ll Ll

lá
Lá é uma palavra que serve para mostrar um lugar longe de quem fala e de quem ouve.
🔍 pág. 257

lã
1 A lã é o pelo grosso e encaracolado que cobre o corpo dos carneiros e das ovelhas. 
2 O tecido feito com esse pelo é também chamado de lã. É usado para fazer roupas para o frio, cobertores, tapetes.

lábio *lá-bi-o*
Os lábios são a parte de cima e de baixo da abertura da boca.
🔍 pág. 256

ladeira *la-dei-ra*
Uma ladeira é uma rua ou um caminho em que uma ponta é mais alta do que a outra.

lado *la-do*
1 O lado de uma coisa é uma das partes dela. Pode ser a parte da frente ou a parte de trás, como numa folha de

papel. Ou pode ser a parte direita ou a parte esquerda: o lado direito do corpo. Quando você se deita de lado, você se deita sobre uma dessas partes.

2 O lado de dentro de uma casa é todo o espaço que fica dentro dela; o lado de fora é o espaço que fica fora.
3 Se uma coisa está ao lado de outra, ela está junto de um dos lados dessa outra coisa.

ladra *la-dra*

A ladra é como o ladrão – a diferença é que ela é mulher.

ladrão *la-drão*

Um ladrão é um homem que rouba coisas de outras pessoas.

lagarta *la-gar-ta*

A lagarta é a forma que a borboleta e a mariposa têm assim que nascem do ovo.

A lagarta se alimenta muito para crescer – só quando vira adulta é que se transforma em borboleta, ou mariposa, e pode voar.

lagartixa *la-gar-ti-xa*

A lagartixa é um lagarto pequeno que vive pelos muros e paredes.

lagarto *la-gar-to*

O lagarto é um animal, um réptil, que vive em lugares com pedras e em árvores.

lago *la-go*

Um lago é uma porção de água cercada por terra. Pode ser natural (da própria natureza), ou artificial (feito por pessoas).

lagoa | lanterna

lagoa *la-go-a*
Uma lagoa é um lago não muito grande ou não muito fundo.

lágrima *lá-gri-ma*
A lágrima é um líquido que temos nos olhos. Ela mantém os nossos olhos limpos e não deixa que eles fiquem secos. Quando choramos, a lágrima escorre dos nossos olhos em gotas.

lama *la-ma*
Quando a terra se mistura com água, ela vira lama. Por isso é que no campo tem muita lama quando chove.

lamber *lam-ber*
Quando as pessoas ou os animais lambem alguma coisa, eles passam a língua sobre ela. Você sabia que os gatos se lambem para limpar o pelo? Os animais também lambem uns aos outros quando brincam e fazem carinho.

lâmpada *lâm-pa-da*
A lâmpada serve para iluminar, para trazer luz a algum lugar, e funciona com eletricidade.

lanchar *lan-char*
Lanchar é comer um lanche.

lanche *lan-che*
O lanche é uma comida leve, como pão com manteiga, suco ou fruta, que se come à tarde, entre o almoço e o jantar. Às vezes, as pessoas comem um lanche também no almoço, ou no jantar, em vez de almoçar ou jantar comidas mais pesadas.

lanterna *lan-ter-na*
A lanterna é uma lâmpada que funciona com pilhas e que você carrega na mão quando

lápis | lavar

precisa andar num lugar escuro.

lápis *lá-pis*

Usamos lápis para escrever e desenhar. Ele é um pedaço fino de madeira, que tem dentro um material preto ou colorido. Quando passamos a ponta do lápis no papel, esse material vira um pó que fica no papel e vai formando o desenho e as letras. Se você escreve ou desenha a lápis, você o faz com um lápis. Tenho três lápis: um preto, um azul e um vermelho.

laranja *la-ran-ja*

1 A laranja é uma fruta que dá na laranjeira. Há vários tipos de laranja: umas doces, outras mais azedas.
2 O laranja é uma cor – a cor da fruta chamada laranja.

largo *lar-go*

1 Uma coisa larga é grande para os lados. Essa poltrona é larga, cabemos nós dois aqui.
[O contrário de largo é ESTREITO.]
2 Se uma roupa é larga, sobra pano dos lados.
[O contrário de largo é JUSTO ou APERTADO.]

lata *la-ta*

1 Uma lata é feita de metal, é quase sempre redonda, com tampa, e é usada para guardar coisas como biscoitos, bolo, tinta.
2 As latas de comida que compramos no supermercado não têm tampa. Elas são totalmente fechadas, para que a comida lá dentro não se estrague, e têm que ser abertas com um abridor.

lavar *la-var*

Quando você lava alguma coisa, você usa água, e às vezes sabão também, para tirar a sujeira dela.

leão | lembrança

leão *le-ão*

O leão é um animal grande, forte e muito feroz, da família dos gatos. Tem uma cabeleira – que chamamos de juba – que cobre sua cabeça e seu pescoço. A fêmea do leão é a leoa.

legume *le-gu-me*

Legume é o nome que damos para hortaliças como a abóbora, a batata, a cenoura, a berinjela. O espinafre, a alface, a couve não são legumes, são verduras, porque deles comemos as folhas, as partes verdes.

leitão *lei-tão*

O leitão é o filhote da porca e do porco. A fêmea do leitão é a leitoa.

leite *lei-te*

Leite é um líquido branco que sai do peito das mulheres quando o bebê nasce, ou que sai das mamas das fêmeas de certos animais, quando nascem os filhotes. É o único alimento que se dá ao bebê e aos filhotes assim que nascem.

Usamos o leite de alguns desses animais como alimento. Por exemplo, o leite que tomamos vem da vaca; o iogurte é feito com leite de vaca; queijo é feito com leite de vaca ou de cabra.

leitoa *lei-to-a*

A leitoa é a fêmea do leitão.

lembrança *lem-bran-ça*

1 Uma lembrança é o que você lembra de um tempo que já passou, ou de alguma coisa que aconteceu, ou que você

lembrar | ler

viu, ouviu ou experimentou. Tenho boas **lembranças** das últimas férias.
2 Uma lembrança pode ser também um presente que você compra e dá a alguém, por exemplo quando viaja para algum lugar e lembra dessa pessoa lá. Minha avó trouxe para mim uma **lembrança** do Ceará.

lembrar *lem-brar*

Se você se lembra de alguém ou de alguma coisa, aquela pessoa ou coisa volta ao seu pensamento. Ontem me **lembrei** do gato que tínhamos quando eu era pequena.

lenço *len-ço*

Lenço é um pedaço de pano ou de papel que usamos para enxugar o rosto, as mãos, ou para limpar o nariz.

lençol *len-çol*

Lençol é o pano que usamos para cobrir a cama e nos cobrir, quando dormimos.

lento *len-to*

1 Uma pessoa lenta faz as coisas muito devagar.
2 Uma coisa lenta se mexe ou anda devagar, ou parece que leva muito tempo para acabar o que está fazendo. O ônibus escolar é muito **lento**.
[O contrário de lento é RÁPIDO.]

leoa *le-o-a*

A leoa é a fêmea do leão.

ler

1 Quando você lê alguma coisa, você olha as palavras escritas e entende o que elas querem dizer. Eu ainda estou aprendendo a **ler**.
2 Se você lê alguma coisa para alguém, você fala as palavras escritas em voz alta. A professora **leu** uma história para nós.

leste | levar

leste *les-te*

Leste é a direção em que o Sol aparece no céu, de manhã.

....

letra *le-tra*

1 As letras são símbolos, desenhos especiais que usamos para escrever as palavras: *a*, *b*, *c*, *d*... A palavra dedo tem quatro letras: *d-e-d-o*. Quantas letras têm as palavras pó, lua, pato, feliz?
2 A letra de uma pessoa é a maneira como ela escreve as letras. É difícil entender a letra do meu pai.
3 A letra de uma música são as palavras que são cantadas.

....

levado *le-va-do*

Uma criança levada está sempre agitada, pensando em brincadeiras ou fazendo alguma bagunça. Às vezes, a mãe, a professora ou algum adulto ficam zangados com as brincadeiras das crianças levadas.

levantar *le-van-tar*

1 Levantar uma coisa é tirá-la de onde está e colocá-la num lugar mais alto, ou pegar uma coisa que caiu e colocá-la de novo em pé.
2 Você se levanta quando deixa de ficar sentado ou deitado e fica de pé.
3 Levantar-se também é acordar de manhã e sair da cama.

....

levar *le-var*

1 Levar uma coisa é ir com ela para um lugar – carregando-a, ou de outro jeito.
2 Levar também serve para falar do tempo que precisa passar para uma coisa acontecer. Levou dois dias para o meu machucado ficar bom. [Também se diz demorar.]
3 Também se usa levar para falar de coisas que acontecem

leve | lindo

com a gente. Levei um tombo e me machuquei.

leve *le-ve*

Você sente que uma coisa é leve quando não precisa fazer muita força para levantá-la ou carregá-la. Uma folha é mais leve do que uma pedra.

lição *li-ção*

1 Uma lição é aquilo que ensinam para nós, numa aula ou num livro, e que precisamos aprender para podermos aprender outras coisas depois.
2 Dar uma lição em alguém é fazer alguma coisa que serve de aviso para ela se comportar de outro modo.

ligar *li-gar*

1 Quando você liga dois desenhos no papel, você faz uma linha que vai de um desenho até o outro. Se um caminho liga dois lugares, ele vai de um até o outro.
2 Ligar uma lâmpada ou uma máquina é fazer essa lâmpada ou essa máquina começar a funcionar.
3 Ligar para uma pessoa é telefonar para ela.
4 Se você liga para o que alguém diz, você presta atenção nisso, ou acha isso importante.

limão *li-mão*

O limão é uma fruta pequena, de cor verde ou amarela e muito azeda.

limpo *lim-po*

Uma coisa limpa está sem sujeira. Para ficarmos limpos, nós tomamos banho; para deixar uma coisa limpa, nós a lavamos, ou passamos um pano, ou varremos...

lindo *lin-do*

Lindo quer dizer muito bonito. O seu desenho ficou lindo!

língua | lista

língua *lín-gua*

1 A língua é uma parte do corpo. Ela fica dentro da boca e é vermelha. A língua ajuda a mastigar e engolir a comida, e é com ela que sentimos o gosto das coisas. Você já tentou falar sem mexer a língua? É muito difícil. 🔍 pág. 256
2 Língua também é o nome do grupo de todas as palavras que podemos usar quando falamos com as outras pessoas ou escrevemos para elas lerem. Nossa língua no Brasil é o português.

linha *li-nha*

1 Uma linha é um fio bem fino, que se usa para costurar, para prender pedaços de pano.
2 A marca fina e comprida que a caneta e o lápis deixam no papel também é chamada de linha.
3 Uma linha é também uma fila de palavras escritas no papel.

líquido *lí-qui-do*

A água, o leite, o sangue são líquidos. Os líquidos correm ou pingam. A água pinga das folhas das plantas, quando chove. Os rios correm para o mar. O sangue corre dentro do nosso corpo. [Os líquidos são diferentes das coisas sólidas e dos gases.]

liso *li-so*

Você sente na sua pele que uma coisa é lisa quando você passa os dedos (ou outra parte do corpo) e não sente pedaços pontudos, ou mais altos. O vidro e o papel são lisos. [O contrário de liso é ÁSPERO.]

lista *lis-ta*

1 Uma lista é feita de muitos nomes de coisas ou de pessoas, escritos um embaixo do outro.
2 Lista também é outro nome para listra.

listra | loja

listra *lis-tra*
Uma listra é uma linha ou um traço, largo ou estreito, de cor diferente.

livro *li-vro*
Um livro é feito de muitas folhas de papel, bem presas num dos lados. Ele tem palavras escritas, para lermos, e figuras ou desenhos, para vermos.

lixo *li-xo*
1 Lixo é a sujeira que a gente tira da nossa casa e também tudo o que a gente não quer ou não pode mais usar, porque está quebrado ou estragado. Lixo também é o lugar em que a gente deixa tudo isso.
2 Jogar uma coisa no lixo é não ficar mais com ela, é deixá-la com todas as outras coisas que ninguém quer. Arrumamos a sala e jogamos os papéis amassados no lixo.

lobo *lo-bo*
O lobo é um animal. Ele se parece com um cão e é feroz.

logo *lo-go*
1 Logo quer dizer que não passa muito tempo, não demora muito para uma coisa acontecer ou para uma pessoa chegar. Tomara que o dia do meu aniversário chegue logo.
2 Logo também serve para dizer que uma coisa não fica longe. Minha casa é logo ali.

loja *lo-ja*
Uma loja é um lugar onde se vendem coisas. Há lojas que vendem comidas e bebidas; há lojas de roupas e sapatos; há lojas que vendem coisas que usamos em casa, como panelas, cadeiras; há lojas que vendem cadernos e lápis...

longe | luta

longe *lon-ge*
Se um lugar é longe, o caminho até ele é longo, comprido, e leva muito tempo para se chegar lá. Andamos muito, já estamos longe de casa.
Uma coisa está longe de nós quando temos que andar para chegar até ela. [O contrário de longe é PERTO.]

longo *lon-go*
Longo é a mesma coisa que comprido. Cabelos longos. Uma história longa. Procure a palavra comprido, na letra C, para saber mais. [O contrário de longo é CURTO.]

Lua *Lu-a*
A Lua aparece no céu à noite como uma bola que brilha muito. Ela parece diminuir a cada noite, até sumir, e depois parece crescer até ficar de novo redonda, cheia. A luz que vem da Lua é a luz do Sol, que a Lua devolve na nossa direção.

luar *lu-ar*
O luar é a luz que chega da Lua. Nas noites escuras, o luar fica tão forte que ilumina as coisas.

lugar *lu-gar*
Lugar é onde uma coisa está ou acontece. É uma parte do espaço, ou de uma construção. Uma cidade, um campo, uma floresta são lugares.
Uma rua, uma casa, uma escola, o mar, as terras e países lá longe são, todos, lugares.

luta *lu-ta*
1 Quando duas ou mais pessoas estão em luta, elas

luz | luz

brigam, tentando machucar umas às outras para conseguir o que querem ou porque estão com raiva.

2 Luta também é um tipo de jogo, com regras, em que uma pessoa tenta derrubar a outra, empurrando ou batendo. O judô é um tipo de luta.

luz

A luz entra em nossos olhos, quando eles estão abertos e não está escuro. A luz vem do Sol, do fogo ou das lâmpadas, e nós vemos as coisas porque a luz chega até elas e depois vem até os nossos olhos.

maçã | macarrão

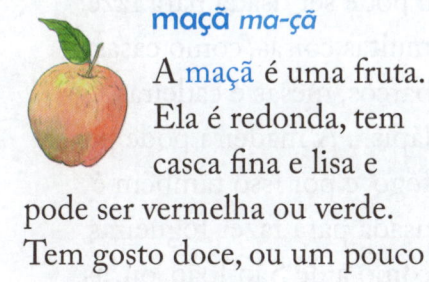

Mm

maçã *ma-çã*

A maçã é uma fruta. Ela é redonda, tem casca fina e lisa e pode ser vermelha ou verde. Tem gosto doce, ou um pouco azedo.

macaco *ma-ca-co*

Os macacos são os animais que mais se parecem com as pessoas – no corpo e no comportamento. Alguns macacos são grandes, não têm rabo e podem ficar de pé: são os gorilas e os chimpanzés. Outros são menores, têm rabo e andam e se penduram nas árvores, como os micos e os saguis.

macarrão *ma-car-rão*

O macarrão é uma comida. Ele parece um biscoito bem comprido e fino, e quando está cru é bem duro e não dá para comer; depois de cozido na água quente, fica mais mole. Também há macarrões com forma de bichinhos, de tubinho e de letras.

macaxeira *ma-ca-xei-ra*
Macaxeira é a mesma coisa que mandioca. Procure a palavra mandioca, para saber mais e ver uma ilustração.

macho *ma-cho*
Um animal macho é diferente da fêmea: quando fica adulto, ele não põe ovos e não carrega os filhotes na barriga, antes de eles nascerem. O cavalo é o macho da égua; o galo é o macho da galinha.

machucado *ma-chu-ca-do*
1 Se você está machucado, alguma parte do seu corpo dói e está ruim, arranhada, cortada ou quebrada.
2 Um machucado é essa parte que está ruim ou que dói.

macio *ma-ci-o*
1 Uma coisa macia é fácil de mexer e de dobrar. Ela não machuca a gente, porque não é áspera nem dura.
2 Uma comida macia é boa de mastigar. Prefiro comer pão, porque é mais macio do que biscoito.

madeira
ma-dei-ra 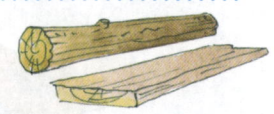
A madeira é um material. É a parte mais dura das árvores e pode ser usada para fazer muitas coisas, como casas, barcos, mesas e cadeiras, lápis... A madeira pode pegar fogo, e por isso também é usada para fazer fogueiras, como a de São João, ou, às vezes, para cozinhar.

madrinha *ma-dri-nha*
A sua madrinha é a mulher que a sua família escolheu para estar com você nas horas importantes e para ajudar quando você precisar. Você é afilhado ou afilhada da sua madrinha.

maduro | maior

maduro *ma-du-ro*
Uma fruta madura já está crescida e pronta para ser comida.

mãe
1 A mãe de uma pessoa é a mulher que a carregou dentro da barriga nove meses e de quem ela nasceu. A mãe cria os filhos, cuida deles, até que eles fiquem adultos. 
2 A mulher que cria uma criança como se a tivesse carregado na barriga também é chamada de mãe.

mágica *má-gi-ca*
A mágica é um truque que se usa para fazer coisas que parecem impossíveis e, assim, divertir as pessoas.

mágico *má-gi-co*
O mágico, ou a mágica, é a pessoa que tem como trabalho fazer mágicas.

magro *ma-gro*
A pessoa magra tem o corpo fino. [O contrário de magro é GORDO.]

maio *mai-o*
Maio é um dos doze meses do ano. Tem 31 dias e vem depois de abril. pág. 261

maiô *mai-ô* 
O maiô é uma roupa que meninas e mulheres usam para o banho de mar ou de piscina.

maior *mai-or*
Maior é a palavra que usamos quando queremos dizer "mais grande". Assim, se uma pessoa, ou uma coisa, é maior do que

outra, ela é mais comprida, ou mais alta, ou mais forte. O seu pé é **maior** do que o meu. A alegria dele era **maior** que a minha. [O contrário de maior é MENOR.]

mais ou menos

1 Mais ou menos quer dizer que o número que a gente fala pode ser um pouco maior ou um pouco menor do que o número certo. Cheguei **mais ou menos** às três horas.
2 Mais ou menos também quer dizer "nem muito, nem pouco", ou "sim, um pouco, mas não muito". — Você gostou do filme que viu? — **Mais ou menos**.

mal

1 Se alguém se sente mal, ele sente fraqueza, enjoo, ou dor em alguma parte do corpo.
2 Quando alguém se comporta mal, ele faz alguma coisa que não devia fazer.
3 Se alguém faz alguma coisa mal, ele a faz com muitos erros, ou de uma maneira feia. Acho que desenhei **mal** esse barco. [O contrário de mal é BEM.]

mamão *ma-mão*

O mamão é uma fruta amarela ou esverdeada, de gosto doce, e cheia de sementes pretas.

mamífero
ma-mí-fe-ro

Animais como o cachorro, o leão, a baleia são chamados mamíferos porque os filhotes nascem da barriga da mãe (e não de ovos), e a mãe os alimenta com seu leite. As pessoas, os seres humanos também são mamíferos: os filhos nascem da barriga da mãe e mamam seu leite.

mandar | manhã

mandar *man-dar*

1 Quando você manda alguma coisa para alguém que está longe, você faz essa coisa chegar até a pessoa. Mandei uma carta para a minha prima.

2 Quando você manda alguém fazer uma coisa, você dá uma ordem e não quer que a pessoa desobedeça.
A professora mandou a gente ficar quieto.

mandioca *man-di-o-ca*

A mandioca é a raiz de uma planta. Tem a casca grossa, marrom, e é branca por dentro. A parte de dentro é usada como alimento.
[É também chamada de aipim ou macaxeira.]

manga *man-ga*

1 A manga é uma fruta de casca verde, amarela ou vermelha. É amarela por dentro, doce, e tem um caroço só, bem grande.

2 A manga de uma blusa, de uma camisa, de um casaco é a parte que cobre o braço. Pode ser curta ou comprida.

manhã *ma-nhã*

1 A manhã é uma parte do dia. Começa quando fica claro, entre 5 e 7 horas, e vai até o meio-dia. Se você estuda de manhã, você estuda nessa parte do dia.

2 Também chamamos de manhã uma parte do dia em que ainda está escuro: são as primeiras horas de um novo dia (assim que passa meia-noite e acaba o dia anterior):

manso | mar

uma hora da **manhã**, duas horas da **manhã**... [Também dizemos madrugada: uma hora da **madrugada**.]

manso *man-so*

1 Um animal manso não é feroz, não ataca as pessoas.
2 Se o mar está manso, as águas estão calmas, sem ondas. [O contrário de manso é BRAVO ou BRABO.]

mão

A mão é a parte do nosso corpo que fica na ponta de cada braço. Cada mão tem cinco dedos. 🔍 pág. 256

mapa *ma-pa*

1 Um mapa é um desenho que mostra o caminho para chegar nos lugares e onde esses lugares ficam.

2 Existe também o mapa que é o desenho de uma cidade, ou de um país, e até do mundo inteiro. O mapa do Brasil no desenho abaixo mostra todos os estados do país.

máquina *má-qui-na*

Uma máquina é qualquer coisa inventada e construída para fazer trabalhos que seriam difíceis, ou até impossíveis, de serem feitos com as mãos.

As máquinas trabalham sempre movidas por uma força, uma energia, que pode ser a força das próprias pessoas e de animais, ou tirada da natureza (eletricidade, vento, água, petróleo, álcool). Por exemplo, os elevadores, os carros e os computadores são máquinas.

mar

O mar é uma quantidade grande de água salgada que

maracujá | material

cobre a maior parte do planeta em que vivemos, a Terra. Nós vemos o mar quando vamos à praia.

maracujá ma-ra-cu-já

O maracujá é uma fruta de casca grossa, da qual só comemos a parte de dentro, que é mole e bem azeda.

março mar-ço

Março é um dos doze meses do ano. Tem 31 dias e vem depois de fevereiro.

🔍 pág. 261

mariposa ma-ri-po-sa

A mariposa é um inseto que se parece com a borboleta. Quando a mariposa nasce do ovo, ela é uma lagarta. A lagarta cresce e vira mariposa.

marrom mar-rom

O marrom é uma cor: a cor da terra, da madeira.

mastigar mas-ti-gar

Quando você mastiga, você usa os dentes para cortar e amassar a comida que está na boca, para ficar mais fácil de engolir.

mata ma-ta

Mata é outro nome para floresta: um lugar grande, cheio de árvores e plantas, onde vivem animais.

material ma-te-ri-al

Um material é qualquer coisa que pode ser usada para fazer

mato | meio

outras coisas. A madeira, o vidro, o pano, o metal são materiais. Você sabe dizer que coisas são feitas com eles?

mato *ma-to*

Mato é um pedaço de terra cheio de plantas que não foram plantadas ali por ninguém.

mau

1 Um homem mau ou uma mulher má fazem coisas ruins acontecerem para as pessoas. **2** O que é mau não é agradável: mau cheiro é um cheiro ruim de sentir; mau tempo é um tempo com muita chuva e vento. [Também se diz ruim. O contrário de mau é BOM.]

médio *mé-di-o*

A palavra médio quer dizer que uma coisa está no meio entre o muito e o pouco. Se uma coisa tem tamanho médio, ela não é nem grande, nem pequena.

medo *me-do*

O medo é um sentimento que a gente tem quando se sente em perigo, ou quando acha que alguma coisa ruim pode acontecer. Você tem medo de trovoada?

meia *mei-a*

Meia é uma roupa que se usa para cobrir os pés e parte da perna.

meia-noite *mei-a-noi-te*

A meia-noite é o meio da noite, é a hora em que já se passou metade da noite. É à meia-noite que começa um novo dia e se começa de novo a contar as horas.

meio *mei-o*

1 Meio quer dizer a metade de uma coisa. Bebi meio copo de suco.

.. 164 ..

2 Meio é também o lugar em que a gente corta ou divide uma coisa em duas metades. Cortou o bolo bem no **meio**.
3 Meio também quer dizer "um pouco". O macarrão está **meio** cru. Alice está **meio** cansada.
4 Um meio também pode ser uma coisa que a gente usa ou faz para conseguir o que quer. O carro e o trem são meios de transporte – servem para levar e trazer as pessoas.

....

meio-dia *mei-o-di-a*

O meio-dia é o meio do dia, é a hora em que já se passou metade do dia. É quando o Sol está mais alto, no céu. A gente almoça perto do meio-dia e está dormindo à meia-noite.

....

mel

O mel é um líquido grosso e muito doce que as abelhas preparam para comer. Elas guardam o mel na colmeia (a casa delas), e as pessoas o pegam de lá para comer também.

....

melancia *me-lan-ci-a*

A melancia é uma fruta bem grande, de casca verde, lisa e bem grossa. É vermelha por dentro, doce, e cheia de suco.

....

melão *me-lão*

O melão é uma fruta grande, de casca amarela, lisa e grossa, e é doce por dentro.

....

melhor *me-lhor*

1 Melhor é a palavra que usamos quando queremos dizer "mais bom" ou "mais boa". Estas frutas estão mais maduras e **melhores** do que aquelas.
2 Melhor também quer dizer "mais bem". Ontem jogamos bem, e hoje jogamos ainda

melhorar | mentira

melhor. [O contrário de melhor é pior.]

melhorar me-lho-rar

Melhorar é ficar melhor, ou fazer uma coisa ficar melhor. Você **melhorou** da gripe? Vou **melhorar** o desenho que fiz ontem.

menina me-ni-na

Uma menina é uma criança que, quando crescer e ficar adulta, vai ser uma mulher.

menino me-ni-no

Um menino é uma criança que, quando crescer e ficar adulto, vai ser um homem.

menor me-nor

1 Menor é a palavra que usamos quando queremos dizer "mais pequeno" ou "mais pequena". Um passarinho é **menor** do que um cachorro. Os passarinhos são pequenos, mas as formigas são **menores**.
2 Menor também quer dizer mais novo, com menos idade – quando falamos de crianças. Meu irmão **menor** tem 3 anos. [O contrário de menor é maior.]

mentir men-tir

Mentir é dizer, por querer, uma coisa que a gente sabe que não é verdade, que não é assim como a gente diz. Tem gente que mente para enganar, ou para esconder um segredo, e até porque está com vergonha de dizer a verdade.

mentira men-ti-ra

1 Uma mentira é aquilo que uma pessoa diz quando mente, ou aquilo que ela faz

.. 166 ..

para enganar. Aquela história de fantasmas era **mentira**, nós inventamos tudo.

2 Uma coisa é de mentira se ela é imitação, se é feita para parecer outra coisa. Nos filmes, o sangue dos machucados é de **mentira**, eles usam tinta vermelha para parecer sangue de verdade. [O contrário de mentira é VERDADE.]

merenda me-ren-da

Uma merenda é um lanche, uma refeição pequena, como a que as crianças fazem na escola.

mergulhar mer-gu-lhar

1 Mergulhar é entrar com o corpo todo dentro da água.
2 Mergulhar uma coisa é colocá-la dentro da água ou de outro líquido. Mergulhou o pedaço de pão na sopa.

mês

Um mês é um pedaço de tempo – é cada uma das partes do ano que a gente conta. Os meses do ano são doze, e cada um tem um nome. Alguns têm 31 dias, outros têm 30 dias, e um deles tem 28 dias. Você sabe qual é? 🔍 pág. 261

mesa me-sa

Usamos uma mesa para fazer atividades sentados: por exemplo, desenhar, escrever, comer, jogar alguns jogos. A mesa pode ser grande, com lugar para muitas coisas e para muitas cadeiras em volta, ou pequena, para uma pessoa só.

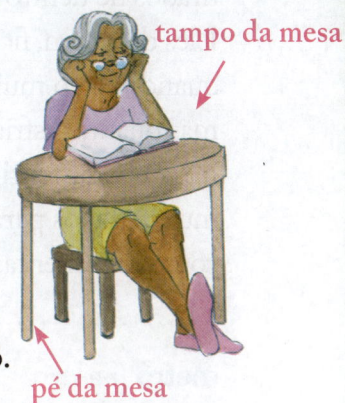

tampo da mesa
pé da mesa

metade me-ta-de

1 Se você corta ou divide uma coisa inteira em dois pedaços do mesmo tamanho, cada um desses pedaços é uma metade.

2 Você também pode separar um grupo em duas metades, quer dizer, em dois grupos menores e iguais, cada um com o mesmo número de pessoas ou de coisas. Metade da nossa turma é de meninos, metade de meninas.
3 O número 1 é a metade de 2, o número 2 é a metade de 4, o número 3 é a metade de 6.

metal *me-tal*

O ferro e o ouro são tipos de metal. Os metais são materiais tirados de dentro da terra. Eles derretem, ficam líquidos, quando estão muito quentes, mas quando esfriam são fortes, não quebram fácil e, por isso, são muito usados para fabricar coisas como ferramentas e carros.

metrô *me-trô*

O metrô é um trem que anda a maior parte do tempo em túneis debaixo do chão, porque em cima já está cheio de ruas e edifícios. O metrô só existe nas cidades grandes.

mexer *me-xer*

1 Quando você mexe uma coisa, você a tira do lugar ou da posição em que ela estava, ou não deixa que ela fique parada. Nós também podemos mexer o nosso corpo, ou partes dele. Alguém mexeu no meu caderno. Você consegue mexer as orelhas sem mexer o resto da cabeça?
2 Mexer com alguém é fazer alguma coisa de que ele não gosta, mas de brincadeira.

mexerica *me-xe-ri-ca*

Mexerica é a mesma coisa que tangerina. Procure a palavra tangerina, na letra T, para saber mais e ver uma ilustração.

milho *mi-lho*

O milho é um alimento que vem da horta. Ele tem muitos grãos amarelos, bons de comer, mas que são bem duros antes de cozinhar. Desses

minhoca | mole

grãos também se pode fazer uma farinha, o fubá.

minhoca *mi-nho-ca*

A minhoca é um animal, um verme. Ela vive dentro da terra e vai fazendo buraquinhos lá dentro; por esses buraquinhos passa o ar, e isso é importante para as plantas que crescem nessa terra.

misturar *mis-tu-rar*

Quando você mistura coisas, você as põe juntas, de um jeito que não dá para separar de volta (ou, se dá, é muito difícil). Para fazer um bolo, você precisa misturar farinha com fermento, leite, ovos, açúcar e manteiga. É essa mistura que vai para o forno para virar bolo.

moça *mo-ça*

Uma moça é uma menina que está ficando adulta, ou é uma mulher adulta ainda bem nova.

mochila *mo-chi-la*

Uma mochila é uma sacola para carregar coisas sem precisar fazer força com os braços: ela fica pendurada nas costas, presa aos ombros.

moço *mo-ço*

Um moço é um menino que está ficando adulto, ou é um homem adulto, mas ainda bem novo.

moeda *mo-e-da*

Uma moeda é um pedaço redondo de metal, usado como dinheiro. Quase sempre, as moedas valem pouco dinheiro e são muito usadas para dar troco.

mole *mo-le*

1 Se uma coisa é mole, você pode dobrá-la, amassá-la ou apertá-la sem precisar fazer força, e ela não se quebra. [O contrário de mole é DURO.]

molhado | monte

2 Se o dente está mole, ele está um pouco solto, mas não cai.

molhado *mo-lha-do*

1 Se você está molhado, você tem água, suor ou outro líquido sobre a pele do seu corpo.
2 Se um lugar ou uma coisa estão molhados, tem água ou outro líquido espalhado por cima deles.
3 Se uma toalha ou roupa estão molhadas, a água ou outro líquido entrou por dentro do pano. [O contrário de molhado é SECO.]

momento *mo-men-to*

Um momento é um pedaço curto de tempo, ou muito curto. Serve para falar da hora exata em que acontece alguma coisa. O ônibus passou no momento em que a Maria chegou no ponto.

monstro *mons-tro*

Um monstro é um animal grande e horrível, ou muito estranho, que dá medo.

montanha *mon-ta-nha*

Uma montanha é um lugar grande e alto, um monte muito alto de rocha e terra. Algumas montanhas são tão altas, que se podem levar dias para subir até o topo.

← topo
← encosta
pé ou sopé

montar *mon-tar*

Montar um brinquedo ou uma máquina é juntar as várias partes deles, encaixando-as.

monte *mon-te*

1 Um monte é um lugar grande e mais alto do que os lugares que estão em volta.

morango | morro

[Também se diz montanha ou morro.]
2 Monte também é uma porção de coisas juntas, que vão ficando umas por cima das outras. **Um monte** de areia. Juntamos um **monte** de folhas secas.

....

morango mo-ran-go

O morango é uma frutinha vermelha, com sementes pequeninas na pele.

....

morar mo-rar

1 Se você mora num certo lugar, a sua casa é nesse lugar. **Moramos** perto de um rio.
2 A casa em que você mora é o lugar onde você come, brinca, estuda, descansa e toma banho, e onde, de noite, você dorme. Morar é ter um lugar para onde a gente pode sempre voltar e ficar com a família, os amigos.

....

morcego mor-ce-go

O morcego é um animal parecido com o rato, mas que tem asas e voa. Os morcegos se alimentam de insetos e frutas e são mais ativos à noite.

....

morder mor-der

Se você morde uma coisa, você a aperta com os dentes para cortá-la ou comê-la. Se um animal morde você, ele usa os dentes para machucá-lo.

....

morrer mor-rer

Quando uma pessoa, um animal ou uma planta morrem, eles param de viver. A plantinha **morreu** porque ficou sem água. [Aquilo que morreu está morto.]

....

morro mor-ro

Um morro é como uma montanha, mais alto do que as terras em volta, mas é menor do que a montanha.

mosca | mover

mosca *mos-ca*

A mosca é um inseto. Há muitos tipos de mosca, e as mais comuns são pretas.

mosquito *mos-qui-to*

O mosquito é um pequeno inseto voador, que pica as pessoas e os animais para tirar um pouco do sangue deles. [É também chamado de muriçoca ou pernilongo.]

mostrar *mos-trar*

1 Quando você mostra alguma coisa para uma pessoa, você aponta para essa coisa, ou dá essa coisa à pessoa, para ela saber sobre o que você está falando.
2 Se uma figura, um livro, um programa de televisão mostram alguma coisa, a imagem dessa coisa aparece.

Esse quadro mostra uma paisagem da fazenda.

mouse

[Você fala essa palavra assim: MÁUZ.]

Você usa um *mouse* para fazer as coisas aparecerem na tela do computador, segurando-o com a mão, mexendo-o e apertando os botões dele. Ele fica na mesa, ligado ao computador.

móvel *mó-vel*

Um móvel é qualquer coisa grande que se usa numa casa para sentar, dormir, comer, guardar coisas. Cadeira, cama, mesa e armário são móveis.

mover *mo-ver*

1 Se alguém move alguma coisa, ele a leva ou empurra de um lugar para outro.

SOZINHA NÃO CONSIGO MOVER ESSA MESA.

mudar | mulher

2 Se uma pessoa ou um animal se movem, eles mexem o corpo, ou uma parte dele, ou vão de um lugar para outro. A tartaruga se move muito devagar.

....

mudar mu-dar

1 Quando as pessoas ou as coisas mudam, elas ficam diferentes.
2 Quando você muda de roupa, você tira a roupa que está usando e põe outra.

3 Quando você se muda, você sai da casa ou do lugar onde mora e vai morar em outra casa ou lugar. Nós vamos nos mudar para a casa da minha avó.

....

mudo mu-do

1 Quando alguém está mudo, ele não está falando nada. [Também se diz calado.]

2 Se alguém é mudo, ele não fala porque não aprendeu ou porque não consegue fazer os sons das palavras.
3 O telefone também pode ficar mudo: é quando ele para de funcionar e não faz mais barulho nenhum.

....

muito mui-to

1 Você usa a palavra muito para falar de uma quantidade grande de pessoas ou coisas. Na nossa sala tem muitos alunos.
2 Você também usa a palavra muito para dizer que sente alguma coisa de maneira bem forte. Estou com muita dor de dente.
3 A palavra muito também serve para dar mais força para algumas outras palavras que a gente fala: muito alto, muito grande, muito bom.

....

mulher mu-lher

Uma mulher é uma menina que cresceu e ficou adulta.

multidão | música

multidão *mul-ti-dão*

Uma multidão é uma quantidade enorme de pessoas em um lugar, como numa praça, num estádio, nas ruas.

mundo *mun-do*

1 O mundo é a Terra, o planeta onde a gente vive, com todos os países, cidades, ilhas e mares.
2 Todo mundo quer dizer "todas as pessoas", mas nós também usamos para falar só de todas as pessoas de um grupo. Todo mundo quer ter amigos. Lá em casa, todo mundo gosta de ler histórias.

muriçoca *mu-ri-ço-ca*

Muriçoca é a mesma coisa que mosquito. Procure a palavra mosquito, aqui na letra M, para saber mais e ver uma ilustração.

muro *mu-ro*

Muro é uma parede forte de pedra ou de tijolo em volta de uma casa, ou que separa um lugar de outro.

música *mú-si-ca*

Uma música são vários sons (ou sons e palavras) combinados de um jeito especial, para serem cantados ou tocados com instrumentos. Existem vários tipos de música: samba, chorinho, ciranda, pagode, *rock*...

Nn

nabo **na-bo**

O nabo é uma planta, e é também o nome da raiz dela, que serve de alimento.

nadar **na-dar**

Quando você nada, você se move sobre a água fazendo movimentos com os braços e as pernas.

nariz **na-riz**

O nariz é a parte pontuda do rosto, logo acima da boca. Tem dois buraquinhos (as narinas) para nos ajudar a respirar. É pelo nariz que sentimos o cheiro das coisas. 🔍 pág. 256

nascer **nas-cer**

1 Nascer é passar a existir no mundo. Um bebê nasce saindo da barriga da mãe.

Alguns animais também nascem saindo da barriga da mãe: o bezerro, o elefante, o golfinho... Outros, como os pintos e as tartarugas, nascem de um ovo. As plantas nascem de sementes, surgindo na terra. E em seus galhos nascem as folhas e as flores.

natação | ninho

2 Há também coisas que nascem no nosso corpo e no dos animais, mas de um modo diferente: os cabelos, os pelos... **3** Quando o Sol nasce, ele aparece bem baixo no céu, de manhã cedo, trazendo a luz do dia.

natação *na-ta-ção*

A natação é a atividade de nadar e é também um esporte.
🔍 pág. 258

Natal *Na-tal*

O Natal é a festa que comemora o nascimento de Jesus Cristo, no dia 25 de dezembro.

natural *na-tu-ral*

As coisas naturais são parte da natureza, não são feitas ou causadas pelas pessoas. [O contrário de natural é ARTIFICIAL.]

natureza *na-tu-re-za*

A natureza são os animais, as plantas, as florestas, os rios, os mares, a chuva, e outras coisas no mundo que não são feitas ou causadas pelas pessoas.

navio *na-vi-o*

Um navio é um tipo de barco. É muito grande e leva pessoas e coisas de um lugar para outro pelo mar, ou por grandes rios e lagos.

neta *ne-ta*

A neta de uma pessoa é filha de um filho ou de uma filha dessa pessoa. Você é neta dos seus avós.

neto *ne-to*

O neto de uma pessoa é filho de um filho ou de uma filha dessa pessoa. Você é neto dos seus avós.

ninho *ni-nho*

O ninho é o lugar que as aves preparam com

nó | nota

folhas, gravetos e penas, para nele terem os filhotes.

nó

Um nó é um jeito de prender dois pedaços de fio, linha ou corda, para que eles não se soltem.

noite *noi-te*

A noite é o tempo em que o céu está escuro. Começa quando o Sol desaparece do céu no fim da tarde e acaba quando chega a manhã e fica claro de novo. Na noite passada tive um sonho bom. [O contrário de noite é DIA.]

nome *no-me*

Nome é qualquer palavra que a gente usa para falar das pessoas e das coisas, de tudo o que existe, ou que a gente pensa, sente, imagina. Um nome pode ser especial para falar de uma pessoa, um lugar, uma coisa. Por exemplo, o nome do lugar onde você vive, e também o seu nome e o sobrenome da sua família. João, Maria da Silva, Brasil, *As aventuras de João e Maria* são nomes. Tem nomes que são para todas as coisas que se parecem ou que são do mesmo tipo: Menino, menina, país, livro também são nomes – mas não são especiais para ninguém.

norte *nor-te*

O norte é uma direção, a direção para a qual você olha, se ficar com o lado direito do corpo virado para a direção onde o Sol nasce de manhã.

nota *no-ta*

1 Uma nota é alguma coisa que a gente escreve, para poder ler e lembrar depois.

2 Nota é também um número que a gente usa para dizer se uma coisa está boa, ou se a gente gosta dela. Quanto melhor, maior a nota.
3 Nota também é um pedaço de papel feito especialmente para valer dinheiro.
4 Uma nota também é um papel que as lojas nos dão, mostrando quanto dinheiro pagamos por uma coisa que compramos.

novamente *no-va-men-te*

Novamente quer dizer que uma coisa se repete, acontece outra vez. *A professora explicou novamente, para todo mundo entender.*

novembro *no-vem-bro*

Novembro é um dos doze meses do ano. Tem 30 dias e vem depois de outubro.
🔍 pág. 261

novidade *no-vi-da-de*

Uma novidade é uma coisa que acontece, ou que contam para a gente, e que é diferente do que acontece sempre, ou do que a gente já sabia.

novo *no-vo*

1 Uma coisa nova foi feita há pouco tempo, ou ela é sua há pouco tempo.
2 Uma pessoa nova tem pouca idade, não nasceu há muito tempo.
3 De novo quer dizer novamente, quer dizer que uma coisa se repete, acontece mais uma vez.

nu

1 Quem está nu está sem nenhuma roupa cobrindo o corpo.
2 Se uma parte do corpo está nua, ela não está dentro de uma roupa. *Braços nus.*

nublado | nuvem

nublado *nu-bla-do*

Se o céu está nublado, está cheio de nuvens que escondem o Sol, ou a Lua e as estrelas. Você também pode falar que o dia está nublado, ou que o tempo está nublado.

nuca *nu-ca*

A nuca é a parte de trás do pescoço. 🔍 pág. 256

número *nú-me-ro*

Números servem para contar, para saber quantas coisas ou pessoas há num lugar, num conjunto. Nós escrevemos os números com algarismos. Por exemplo, o número três se escreve com um algarismo, assim: 3.
O número treze se escreve com dois algarismos: 13.
🔍 pág. 260

nunca *nun-ca*

Nunca é uma palavra para dizer que uma coisa não acontece, ou que ela não aconteceu antes, nem vai acontecer depois. O tempo não para **nunca**? **Nunca** vi chover tanto! **Nunca** vou esquecer meus amigos.

nuvem *nu-vem*

1 As nuvens que vemos no céu são feitas de gotas de água muito pequenas, ou de pedaços muito pequenos de gelo. É das nuvens que cai a chuva.
2 Também chamamos de nuvem uma porção de pó ou de fumaça que fica no ar, como as nuvens.

obedecer | óculos

Oo
Oo

obedecer *o-be-de-cer*

Quando você obedece a alguém, você faz o que ele diz para fazer.

obediente *o-be-di-en-te*

Se você é obediente, você quase sempre obedece aos seus pais, ou aos professores, ou a quem toma conta de você.

oca *o-ca*

A oca é uma casa bem grande, feita de madeira e folhas, que os índios constroem para nela morar.

oco *o-co*

Uma coisa oca é vazia por dentro.

óculos *ó-cu-los*

Os óculos são dois pedaços de vidro ou de plástico (as lentes) que ficam presos um ao lado do outro para serem colocados

ocupado | onda

no rosto, um na frente de cada olho. Essas lentes são feitas para ajudar algumas pessoas a ver melhor.

ocupado o-cu-pa-do

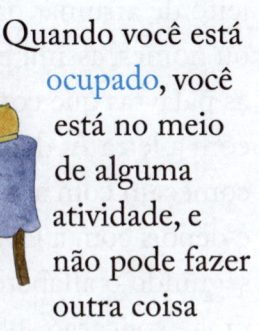

Quando você está ocupado, você está no meio de alguma atividade, e não pode fazer outra coisa naquela hora, nem prestar muita atenção no que outras pessoas fazem ou dizem.

oeste o-es-te

O oeste é a direção em que o Sol se põe, em que ele desaparece, no fim da tarde.

olhar o-lhar

Quando você olha para uma coisa, você fica com os olhos abertos na direção de onde ela está, para poder vê-la.

olho o-lho

[Você fala como se escrevesse com ô, no início.]

O olho é uma parte do corpo. Nós e muitos outros animais temos dois olhos, na cabeça, e é com eles que vemos.
pág. 256

ombro om-bro

O ombro é uma parte do corpo, a parte onde cada braço se junta ao corpo. pág. 256

onça on-ça

A onça é um animal. Ela é grande, tem o pelo amarelo com manchas marrons e sabe pular muito bem, para caçar os animais com que se alimenta.

onda on-da

Uma onda é um movimento da água do mar ou de um lago.

ônibus | orelha

Uma parte da água sobe e depois desce. Parece que tem sempre uma parte mais alta, na água, e que ela vai viajando até chegar na beira, quando quebra: cai com mais força e faz barulho e espuma.

....

ônibus *ô-ni-bus*

Um ônibus é um carro bem grande, alto e comprido, para levar muitas pessoas de um lugar para outro.

....

ontem *on-tem*

Ontem serve para dizer que uma coisa aconteceu no dia que passou antes de hoje.

ordem *or-dem*

1 Uma ordem é um jeito de colocar as coisas ou as pessoas, uma depois da outra, ou uma ao lado da outra.

2 A ordem alfabética é um jeito de arrumar palavras ou nomes, assim: primeiro as palavras que começam com a letra A, depois as que começam com a letra B, e depois com a C, sempre seguindo o alfabeto. [Tem uma explicação sobre ordem alfabética no início deste livro.]

3 Dar uma ordem a alguém é dizer aquilo que ele tem que fazer (mesmo que não queira).

....

orelha *o-re-lha*

A orelha é uma parte do corpo. As pessoas (e também muitos animais) têm duas orelhas, uma de cada lado da cabeça. É com a orelha (ou ouvido), e as partes dela dentro da cabeça, que você ouve. 🔍 pág. 256

osso os-so

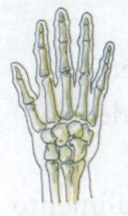

Os ossos são as partes mais duras dentro do nosso corpo e do corpo de muitos animais. Você pode sentir, com os dedos, que os ossos estão lá dentro, debaixo da pele e da carne: os ossos do alto da cabeça e do rosto, os ossos dos dedos, do cotovelo e do joelho...

ótimo ó-ti-mo

Ótimo quer dizer muito bom.

ouro ou-ro

O ouro é um metal amarelo muito precioso, muito caro. Com ele se fazem joias.

outono ou-to-no

O outono é uma das estações do ano. É a parte do ano que já não é quente como o verão e ainda não é fria como o inverno. Nos lugares em que o inverno é frio, as folhas das árvores caem no outono.

outro ou-tro

1 A palavra outro serve para falar de uma coisa ou pessoa que não é aquela da qual você estava falando antes. Tenho duas irmãs: uma é mais velha que eu e a outra é mais nova.
2 Outro também quer dizer mais um. Ainda estou com fome, quero outro pedaço de pão.

outubro ou-tu-bro

Outubro é um dos doze meses do ano. Tem 31 dias e vem depois de setembro.
🔍 pág. 261

ouvido ou-vi-do

Os seus ouvidos são as duas partes do seu corpo, uma de cada lado da cabeça, com as quais você ouve. Também se diz orelha. 🔍 pág. 256

ouvir ou-vir

Ouvir é sentir os sons com os ouvidos.

oval | ovo

Acho que **ouvi** alguém chamando...

....

oval *o-val*

Um desenho oval ou uma figura oval têm a forma parecida com a do ovo inteiro.

ovo *o-vo*

1 Pássaros, peixes, insetos e outros animais vivem dentro de ovos até nascer.
2 O ovo que serve de alimento para as pessoas é quase sempre o ovo da galinha, antes de se formar nele um pintinho.

pá | palavra

Pp

pá
A pá serve para cavar a terra, apanhar lixo e outras coisas.

padrinho *pa-dri-nho*
O seu padrinho é o homem que a sua família escolheu para ajudar a criar e cuidar de você. Você é afilhado do seu padrinho.

pagar *pa-gar*
Quando você paga alguma coisa que você comprou, você dá dinheiro ao vendedor em troca do que comprou.

página *pá-gi-na*
Uma página é cada um dos dois lados da folha de um livro, de uma revista, de um caderno.

pai
1 O pai de uma pessoa é o homem que, junto com a mãe, fez essa pessoa existir e cuida dela até que ela fique adulta.
2 O homem que cria uma criança como se fosse o pai também é chamado de pai.

palavra *pa-la-vra*
Usamos palavras para falar

palhaço | papagaio

com as outras pessoas, para contar histórias, para escrever. Cada palavra tem um significado, quer dizer alguma coisa. Às vezes, duas palavras diferentes têm o mesmo significado. Por exemplo: cão e cachorro. E, às vezes, duas palavras iguais querem dizer coisas diferentes. Por exemplo: manga (fruta) e manga (de camisa). Quando escrevemos, deixamos um espaço de cada lado das palavras.

palhaço *pa-lha-ço*

O palhaço é a pessoa que, num circo, usa roupas engraçadas e faz coisas para as pessoas rirem.

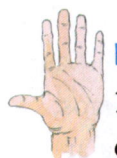

palma *pal-ma*

1 A palma é a parte de dentro da mão.

2 Se você bate palmas, você bate uma palma na outra, fazendo barulho, para mostrar que gostou do que viu ou do que ouviu, por exemplo, num teatro, num *show*.

pão

O pão é um alimento feito com farinha, água e fermento. O fermento é o que faz o pão crescer enquanto vai assando dentro do forno.

papagaio *pa-pa-gai-o*

1 O papagaio é um pássaro. É o único animal que sabe imitar a voz dos humanos, repetindo o que eles dizem.

2 Papagaio também é um brinquedo de papel fino que voa com o vento, preso numa linha que a pessoa segura. [É também chamado de pipa.]

papel | parente

papel *pa-pel*
Papel é o material de que são feitas as folhas em que escrevemos, as folhas dos livros, os envelopes e muitas outras coisas. O papel é feito da fibra de plantas.

par
1 Um par de coisas são duas coisas do mesmo tamanho e com a mesma forma, usadas juntas. Um par de sapatos.

2 Um par de coisas também são duas coisas iguais que fazem parte de alguma outra coisa. Todas as pessoas têm um par de pernas.
3 Um número par é um número que pode ser dividido em duas metades e não sobra nada. Os números pares são 2, 4, 6, 8, 10, 12... [O contrário de par é ÍMPAR.]

parar *pa-rar*
Parar é não continuar a fazer alguma coisa. Pare de gritar!

parecido *pa-re-ci-do*
Se uma coisa é parecida com outra coisa, ou se uma pessoa é parecida com outra, elas são quase iguais. A cor do seu cabelo é parecida com a cor do meu.

parede *pa-re-de*
As paredes separam o lado de fora e o lado de dentro de uma casa. Elas também separam as partes da casa – o quarto e a sala, o banheiro e a cozinha.

parente *pa-ren-te*
Seus parentes são as pessoas da sua família: tios, primos, avós.

parque | passo

parque *par-que*
Um parque é uma parte da cidade com árvores e gramado, onde as pessoas podem passear, descansar ou brincar.

parte *par-te*
1 Uma parte de alguma coisa é um pedaço ou uma porção dela.

2 Uma parte de um grupo de pessoas são algumas pessoas desse grupo.

partir *par-tir*
1 Partir uma coisa é dividir essa coisa em partes ou pedaços. A aniversariante vai partir o bolo.
2 Partir também quer dizer ir embora para um lugar longe.

passarinho *pas-sa-ri-nho*
Chamamos de passarinho as aves pequenas que voam e cantam (fazem sons como de música).

pássaro *pás-sa-ro*
Chamamos de pássaro as aves não muito grandes que voam e que não ficam nadando na água.

passear *pas-se-ar*
Passear é ir a algum lugar, a pé, de carro, de barco, para se divertir ou conhecer alguma coisa nova. Adoro passear na praia.

passo *pas-so*
1 Passo é o movimento que fazemos com cada perna para andar: pomos um pé na frente e pisamos no chão. Depois damos outro passo, levando o outro pé para a frente, e assim por diante.

2 Numa dança, a gente faz passos diferentes, usando os pés e o corpo, indo para a frente, para trás, para os lados e girando.

....

pata *pa-ta*
1 Pata é o nome do pé ou da perna dos animais.
2 Existe outra pata, que é a fêmea do pato.

....

pato *pa-to*
O pato é uma ave que vive na água. Tem o bico largo e as pernas curtas.

....

paz
1 Quando há paz entre as pessoas, ou entre países, não há brigas, nem guerra.
2 Quando você faz as pazes com alguém, vocês voltam a se falar e a brincar, depois de terem brigado.

....

pé
1 Os seus pés são a parte do seu corpo no final das pernas, e que encostam no chão quando você anda. 🔍 pág. 256
2 As cadeiras, as mesas e as camas também têm pés: eles servem para esses móveis ficarem firmes no chão.
3 Uma árvore ou uma planta de alguma fruta ou verdura também se chama pé: um pé de laranja.

....

pedaço *pe-da-ço*
Um pedaço de alguma coisa é uma quantidade menor do que a coisa inteira, e que foi cortada, rasgada ou dela tirada. Um pedaço de papel.

....

pedir *pe-dir*
Pedir uma coisa a alguém é dizer que você quer essa coisa ou precisa dela; assim, a pessoa fica sabendo e pode dar aquilo que você quer, ou pode ajudar a fazer o que você precisa. Pedi uma

pedra | peixe

boneca de presente. **Pedimos** à professora que explicasse novamente.

....

pedra *pe-dra*

1 Uma pedra é um pedaço de rocha.
2 Pedra também é um pedaço de alguma coisa que fica dura, como uma pedra de gelo.
3 Uma pedra preciosa é um tipo de pedra especial, difícil de encontrar e muito cara. As pedras preciosas são coloridas, transparentes, brilhantes e muito duras. São usadas em joias.

....

pegar *pe-gar*

1 Pegar é segurar ou prender algo com as mãos, ou com alguma outra coisa. O goleiro pegou a **bola** e não largou. A aranha **pega** insetos na teia.
2 Pegar também é tirar uma coisa de onde ela está e trazê-la, ou ficar com ela. Por favor, **pegue** um pouco de água do balde.

3 Pegar um ônibus, um trem, um barco ou um avião é entrar neles para viajar.
4 Pegar também serve para falar de algumas coisas que incomodam a gente. **Pegamos** chuva, frio e vento; por causa disso, **pegamos** também uma gripe.

....

peito *pei-to*

O peito é uma parte do corpo. Ele fica na frente, entre o pescoço e a barriga. Dentro do peito ficam o coração e os pulmões. pág. 256
2 O peito do pé é a parte de cima do pé.

....

peixe *pei-xe*

Os peixes são um tipo de animal. Eles vivem nas águas dos mares ou dos rios e lagos. Peixes não têm pernas nem braços, mas têm

nadadeira

rabo

pele | pensar

rabo e nadadeiras, que os ajudam a nadar bem.

pele *pe-le*
A pele é uma parte do corpo. É a parte de fora, bem fina, e que cobre o corpo inteiro. Com ela, sentimos o frio e o calor e se as coisas são ásperas ou lisas.

pelo *pe-lo*
1 Os pelos do nosso corpo são os fios bem finos que crescem da nossa pele. Os pelos que nascem no alto da cabeça são chamados de cabelo. Os pelos que crescem no rosto dos homens são chamados de barba e bigode.
2 Muitos animais também têm pelos. Quase sempre os fios são mais grossos e ficam bem mais juntos do que os pelos das pessoas.

peludo *pe-lu-do*
Um animal peludo, ou uma parte do corpo peluda, tem muitos pelos, ou tem pelos grossos, compridos e bem juntos.

pena *pe-na*
1 Pena é uma parte do corpo das aves. Cada pena tem uma parte comprida e dura, e dela saem muitos fios bem finos. O corpo das aves é quase todo coberto de penas.
2 Existe uma outra pena, que é a tristeza ou dor que sentimos por causa de alguma coisa ruim que acontece com nós mesmos, ou com outra pessoa. Que pena que você não quer brincar! Senti pena do meu amigo que se machucou.

pensar *pen-sar*
Pensar é o que a gente faz para ter ideias, para entender e lembrar as coisas que acontecem, para imaginar histórias e brincadeiras, para saber o que vai fazer ou como vai fazer alguma coisa.

pente | perder

pente *pen-te*
O pente serve para separar e arrumar os fios de cabelo.

penúltimo *pe-núl-ti-mo*
A penúltima pessoa ou coisa é a que vem antes da última. Fiquei no penúltimo lugar da fila.

pepino *pe-pi-no*
O pepino é um legume. É comprido, tem a casca grossa e verde, é quase branco por dentro e um pouco amargo.

pequeno *pe-que-no*
1 Uma coisa ou pessoa pequena não tem tanto tamanho quanto outras, ou tem muito menos tamanho do que as grandes.
2 Se uma roupa está pequena em você, o seu corpo já não cabe nela. [O contrário de pequeno é GRANDE.]

pera *pe-ra*
A pera é uma fruta. Ela tem a casca fina, verde ou amarela, e gosto doce por dentro.

perder *per-der*
1 Se você perde uma coisa, ela era sua mas agora você não está mais com ela – pode ser porque ela quebrou ou estragou, pode ser porque você não sabe onde ela está.
2 Perder a fome, o sono, a vontade é não estar mais sentindo aquilo. Aprendi a nadar e perdi o medo de água.
3 Se você perde um jogo, você não consegue chegar até o fim, ou não consegue fazer mais pontos do que o outro jogador que joga contra você.
4 Você perde a prova quando não vai à escola no dia de

pergunta | perto

fazê-la. Perder uma festa é não estar lá quando ela acontece.

....

pergunta *per-gun-ta*

1 Se você faz uma pergunta a alguém, você pede que ele diga a você uma coisa que você não sabe e quer saber.
2 A professora ou o professor fazem perguntas na aula para saber se a gente aprendeu aquilo que eles ensinaram.

....

perguntar *per-gun-tar*

Perguntar é fazer uma pergunta, é pedir para alguém dizer uma coisa que a gente quer saber.

....

perigo *pe-ri-go*

Um perigo é uma coisa ruim que pode acontecer, ou uma coisa que pode machucar. Por exemplo, usamos o fogo para muitas coisas boas, mas ele é também um perigo, pode nos queimar.

....

perna *per-na*

A perna é uma parte do corpo das pessoas e de muitos animais. Elas podem se dobrar, e é com elas que andamos, corremos, pulamos.

As pernas são a parte mais comprida do corpo das pessoas. 🔍 pág. 256

....

pernilongo *per-ni-lon-go*

Pernilongo é a mesma coisa que mosquito. Procure a palavra mosquito, na letra M, para saber mais e ver uma ilustração.

....

perto *per-to*

Se uma pessoa está perto de você, você pode vê-la, ou ouvir o que ela fala, ou até encostar nela. Se você está perto de alguma coisa, você pode encostar nela, ou quase. Se você está perto de algum lugar, você não precisa andar muito para chegar lá.

Não fique **perto** do fogo, você pode se queimar. Moro **perto** da minha escola. [O contrário de perto é LONGE.]

pesado *pe-sa-do*

Você sente que uma coisa é pesada quando você precisa fazer muita força para carregá-la ou levantá-la. Um cachorro é mais pesado do que uma formiga. Uma pedra é mais pesada do que um lápis. [O contrário de pesado é LEVE.]

pescar *pes-car*

Pescar um peixe é tirá-lo da água – com rede, ou com linha e anzol.

pescoço *pes-co-ço*

O pescoço é uma parte do corpo. Nas pessoas, é a parte que fica entre a cabeça e os ombros. 🔍 pág. 256
Muitos animais também têm pescoço: o da girafa e o do cisne são compridos. O jacaré e o sapo têm pescoço?

pessoa *pes-so-a*

Uma pessoa é qualquer homem ou mulher, qualquer menina ou menino.

piada *pi-a-da*

Uma piada é uma história curta e engraçada que a gente inventa ou conta para os outros, só para fazer rir.

piano *pi-a-no*

O piano é um instrumento de música. Ele tem muitas teclas –

pilha | pintar

algumas brancas, outras pretas. Quando apertamos as teclas, elas fazem sair som das cordas que ficam lá dentro do piano.

pilha *pi-lha*

1 Uma pilha é uma caixinha de metal onde fica guardado um pouco de eletricidade, para podermos usar em lanternas, brinquedos ou aparelhos pequenos.
2 Pilha também é um conjunto de coisas uma em cima da outra. Uma pilha de livros.

pimentão *pi-men-tão*

O pimentão é um legume. Pode ser verde, amarelo ou vermelho e tem o gosto bem forte.

pingo *pin-go*

1 Um pingo é um pouquinho de água ou de outro líquido. [Também se diz gota.]
2 Um pingo também quer dizer um pouquinho de alguma coisa. Não tenho nem um pingo de medo do escuro.

pingue-pongue *pin-gue-pon-gue*

O pingue-pongue é um jogo. Dois jogadores usam raquetes para jogar uma bolinha de um lado para o outro de uma mesa grande. No meio da mesa tem uma rede, para o jogo ficar mais difícil. 🔍 pág. 258

pinguim *pin-guim*

O pinguim é um animal, uma ave. Ele não voa, mas usa as asas e os pés para nadar, porque passa muito tempo no mar. Os pinguins vivem em lugares frios.

pintar *pin-tar*

1 Pintar é usar tintas para fazer e colorir o desenho de alguma coisa. Pintei um retrato dos meus amigos.
2 Pintar uma coisa também é passar tinta nela, para ela ficar de outra cor, ou cheia de cores. Pintamos a parede de azul.

pipoca | pobre

pipoca *pi-po-ca*

A pipoca é uma comida. Ela é feita de grãos de milho que estouram no fogo ou na panela e ficam brancos e macios.

pisar *pi-sar*

Se você pisa em alguma coisa, você põe os pés sobre ela ou anda em cima dela. O chão está molhado, não pise aqui.

piscina *pis-ci-na*

Uma piscina é um buraco grande feito no chão, com ladrilhos ou cimento, que é enchido com água para as pessoas poderem nadar ou brincar ali.

piso *pi-so*

1 O piso é o lugar onde se pisa. Pode ser de tábua, de pedra, de cimento, ou de outro material.
2 Piso também é cada andar de um prédio.

planta *plan-ta*

1 Uma planta é uma coisa viva que cresce na terra, tem raízes, caule e folhas. [É também chamada de vegetal.]
2 A sola do pé também é chamada de planta do pé.

folha
caule
raiz

pó

1 Pó são pedacinhos mínimos de sujeira que se juntam no chão e em outros lugares. [Também se diz poeira.]
2 Pó também são pedacinhos de alguma coisa que foi moída. Por exemplo, a farinha é um pó feito de trigo moído.

pobre *po-bre*

Uma pessoa pobre tem muito pouco dinheiro e poucas coisas. [O contrário de pobre é RICO.]

poeira | pôr

poeira *po-ei-ra*

Poeira é a mesma coisa que pó. Veja a palavra pó, na página ao lado, para saber mais.

polícia *po-lí-ci-a*

1 A polícia é um grupo grande de pessoas que têm como trabalho manter a ordem numa cidade, fazendo as pessoas obedecerem às leis.
2 Um polícia ou uma polícia é também cada uma das pessoas desse grupo. [Também se diz policial.]

ponta *pon-ta*

1 A ponta de um lápis, de um dedo, do bico de um pássaro é a parte mais fina deles.
2 As pontas de uma coisa longa são as duas partes que ficam mais distantes uma da outra, como as pontas de um tubo.
3 A ponta de uma cadeira, de um sofá, de um banco é a parte onde eles terminam, é a beira deles.
4 Ponta pode ser também cada canto de uma coisa. Por exemplo, as pontas de um lençol.

ponte *pon-te*

Uma ponte é um caminho ou estrada construídos sobre um rio, lago ou baía, para as pessoas e carros poderem passar de um lado para o outro.

pôr

1 Quando você põe uma coisa em algum lugar ou em alguma posição, você a coloca nesse lugar ou nessa posição. **Pus** o seu retrato ao lado da minha cama.
2 Quando você põe uma roupa, você a veste no corpo.
3 Quando um animal põe ovos, ele faz os ovos saírem do corpo dele.

porco | povo

porco *por-co*

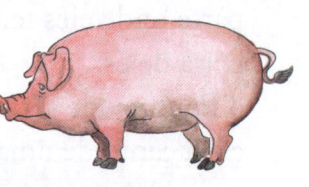

O porco é um animal. É criado por sua carne, apreciada como alimento. O presunto que comemos é a carne da perna do porco. A fêmea do porco é a porca.

porta *por-ta*

1 Uma porta é o lugar por onde se pode entrar numa casa, num carro, ou sair deles. Nesse lugar fica um pedaço de madeira ou de outro material que a gente pode abrir ou fechar, e que também se chama porta.
2 Os armários também têm portas, que servem para não deixar entrar poeira nas coisas que guardamos ali.

porto *por-to*

Um porto é o lugar onde os barcos e os navios param para pegar ou deixar passageiros e coisas.

pouco *pou-co*

1 Usamos a palavra pouco para falar de uma quantidade pequena de pessoas ou coisas. Tenho **poucos** primos.
Os passarinhos comem **pouco**.
2 Pouco também serve para falar de coisas que a gente quase não sente, ou que não são fortes. Senti **pouca** fome.
[O contrário de pouco é MUITO.]

povo *po-vo*

1 O povo de um país são todas as pessoas desse país. O **povo** brasileiro.
2 Povo também quer dizer uma quantidade grande de pessoas. [Também se diz multidão.]

praça | preguiça

praça *pra-ça*

Uma praça é um espaço quadrado ou redondo numa cidade ou num bairro. Nela tem árvores, plantas, bancos de madeira, brinquedos, para as pessoas descansarem e as crianças brincarem.

praia *prai-a*

Uma praia é um pedaço de terra na beira do mar, coberto com areia ou pedrinhas.

prato *pra-to*

Um prato é uma coisa redonda de louça, vidro, plástico, ou papel, onde colocamos a comida que vamos comer. O prato de sopa é fundo, para a sopa não escorrer; o prato de sobremesa é pequeno.

precisar *pre-ci-sar*

1 Nós precisamos de ar, água e comida – quer dizer, não podemos viver sem eles.
2 Se você precisa fazer alguma coisa, você não pode ficar sem fazê-la, ou é muito importante que você a faça. Precisamos lavar as mãos antes de comer.

preferir *pre-fe-rir*

Se você prefere uma pessoa, ou uma coisa, você gosta mais dessa pessoa, ou dessa coisa, do que de outra. Você prefere azul ou amarelo?

preguiça *pre-gui-ça*

1 Quando a gente sente preguiça, a gente não tem vontade de se mexer muito e faz tudo devagar.

presente | próximo

2 Existe um animal que também se chama preguiça, porque se mexe muito devagar.

....

presente *pre-sen-te*

1 Um presente é uma coisa que a gente dá para outra pessoa em dias especiais, como no aniversário dela, ou para mostrar que gostamos dela. Vou dar esse desenho de presente para minha mãe.
2 O presente também quer dizer o tempo de agora e as coisas que estão acontecendo agora.
3 Se alguém está presente num lugar, ele está nesse lugar. Os alunos que não estavam presentes perderam o passeio.

....

primavera *pri-ma-ve-ra*

A primavera é uma das estações do ano. É chamada a "estação das flores".

....

professor *pro-fes-sor*

Um professor ou uma professora é uma pessoa que tem como trabalho dar aulas, ensinar.

....

proibido *pro-i-bi-do*

Se alguma coisa é proibida, você não pode fazê-la. É proibido desenhar nas paredes.

....

prometer *pro-me-ter*

Se você promete que vai fazer alguma coisa, você diz a alguém que vai fazer mesmo. Meu pai prometeu me levar à festa.

....

próximo *pró-xi-mo*

[Você fala como se escrevesse com ss.]
1 Próximo é o que vem logo depois. Meu aniversário é no próximo sábado.

pular | puxar

2 **Próximo** também quer dizer que algo está perto. Já estamos **próximos** da fazenda, falta pouco para chegar. A fazenda fica **próximo** daqui.

....

pular *pu-lar*

Quando você **pula**, você dobra os joelhos e faz força com as pernas para tirar os pés do chão. Você pode pular para cima ou para a frente, ou por cima de alguma coisa. [Também se diz saltar.]

....

pulso *pul-so*

O **pulso** é a parte mais fina do braço, onde ele se junta com a mão. 🔍 pág. 256

....

puxar *pu-xar*

Quando você **puxa** alguma coisa, você a segura firme e usa força para trazê-la para você.

quadrado | quadro

quadrado *qua-dra-do*

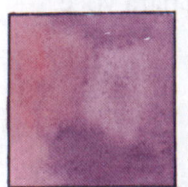

O quadrado é uma figura com quatro lados iguais, que formam quatro cantos iguais também.

quadril *qua-dril*

Os quadris são as duas partes, uma em cada lado do corpo, entre a cintura e a parte de cima das pernas. 🔍 pág. 256

quadrinhos *qua-dri-nhos*

Quadrinhos quer dizer a mesma coisa que história em quadrinhos. Procure a palavra história, na letra H, para saber mais e ver uma ilustração.

quadro *qua-dro*

1 Um quadro é um desenho feito num pedaço de pano ou madeira especiais, e que as pessoas gostam de pendurar na parede para enfeitar. **2** Um quadro também é um pedaço grande e quadrado (ou quase quadrado) de madeira, pendurado numa parede, onde se escrevem coisas ou se colam cartazes e avisos para todo mundo ler.

quadro-negro *qua-dro-ne-gro*

O quadro-negro é um quadro grande, feito de material escuro, onde a professora ou o professor podem escrever e desenhar com giz, para a turma toda ver e ler.

quarta-feira *quar-ta-fei-ra*

A quarta-feira é um dos dias da semana. Vem depois da terça-feira. 🔍 pág. 260

quarto *quar-to*

Um quarto é um lugar da casa – o lugar onde uma ou mais pessoas dormem. Quase sempre, o quarto tem quatro paredes, porta e janela.

quase *qua-se*

1 Quase quer dizer que falta pouco; quer dizer que um lugar está perto ou que uma coisa vai acontecer logo. Não pare de andar, estamos quase em casa. A comida está quase pronta.
2 Quase também quer dizer que uma quantidade ou um número não é muito menor ou maior do que outro. Somos quase 30 alunos na nossa sala.

quebrar *que-brar*

1 Quando você quebra uma coisa, ou quando ela se quebra, ela não fica inteira, fica em pedaços. Quebrei o vaso, sem querer.
2 Nós também dizemos que uma máquina ou um aparelho quebraram quando eles pararam de funcionar, não servem mais para ser usados. O ônibus quebrou e não pudemos continuar a viagem.

queda *que-da*

Uma queda é o que acontece quando uma coisa ou uma pessoa caem.

queijo *quei-jo*

O queijo é um tipo de comida. Os queijos são feitos com leite de vaca, cabra ou ovelha.
Há queijos mais macios e outros mais duros; alguns são brancos, outros são mais amarelos.

....

queimar *quei-mar*

1 Quando uma coisa queima, ela pega fogo – quer dizer, o fogo vai saindo dela e ela vai aos poucos se desfazendo e virando cinza.
2 Se uma coisa queima você, ou se você se queima por causa dela, ela machuca a sua pele de tão quente que é, ou faz a sua pele arder muito.

....

queixo *quei-xo*

O queixo é uma parte do corpo. É a parte de baixo do rosto, onde fica o osso que se mexe para abrir e fechar a boca. 🔍 pág. 256

quente *quen-te*

1 O fogo e a luz do Sol são quentes – podem queimar ou machucar a pele, ou estragar algumas coisas. Nós sentimos na pele se uma coisa está quente. Nosso corpo também é quente, mais quente que a água do mar e dos rios. [O contrário de quente é FRIO.]
2 Uma roupa quente ajuda a não deixar nosso corpo sentir frio.

....

querer *que-rer*

1 Quando você quer uma coisa, você acha que vai gostar de ter ou de fazer essa coisa, ou vai gostar que ela aconteça. Zeca **queria** uma bola de futebol, mas não ganhou. Lúcia não **quis** comer o bolo.
2 As palavras sempre querem dizer alguma coisa. O que elas querem dizer é aquilo em que a gente pensa quando diz aquelas palavras, ou aquilo que as pessoas pensam, quando as ouvem.

....

querido *que-ri-do*

1 Uma pessoa querida é uma

pessoa de quem a gente gosta muito, uma pessoa a quem a gente quer bem.
2 Querido ou querida é também um jeito de chamar a pessoa de quem a gente gosta, quando quer mostrar amizade ou carinho.

QUERIDA, VOCÊ QUER OUVIR UMA HISTÓRIA ANTES DE DORMIR?

quiabo qui-a-bo
O quiabo é um legume. Ele é comprido e fino e tem cor verde.

quieto qui-e-to
1 Se alguém, ou um bicho, está quieto, ele não fala nada, não faz barulho e não fica agitado, não se mexe muito. Os cachorros ficaram quietos num canto, até a chuva passar.
2 Um lugar quieto é um lugar onde não há muitas pessoas, onde não há muitas atividades nem muito barulho. Moro numa rua quieta, sem lojas nem muitos carros.

quinta-feira quin-ta-fei-ra
A quinta-feira é um dos dias da semana. Vem depois da quarta-feira. 🔍 pág. 260

quintal quin-tal
O quintal é uma parte da casa que não é coberta, não tem teto. Pode ser usado como um lugar para ficar no sol, ou para lavar e secar roupas, ou para plantar frutas e legumes, ou ainda como um lugar para as crianças brincarem.

rã | rainha

Rr

rã

A rã é um animal. Ela é pequena, tem a pele lisa, de cor verde ou cinza, e pula bem. Vive sempre perto da água e come insetos.

rabo *ra-bo*

O rabo é a parte que fica mais atrás, no corpo de muitos animais. [Também se diz cauda.]

rádio *rá-di-o*

O rádio é um aparelho que usa eletricidade. Com o rádio, os sons mandados de longe, por outros aparelhos, podem ser ouvidos. Nós usamos o rádio para ouvir música que alguém toca, ou notícias que alguém conta.

rainha *ra-i-nha*

1 A rainha é a mulher mais importante, em alguns países. Ela é filha de um rei ou de um príncipe, e é a chefe do reino, quando não há um homem que seja o rei.

raio | rasgar

2 A rainha também pode ser só a mulher que casou com o rei.

raio *rai-o*

1 Um raio também é o risco ou traço de luz que a eletricidade faz no céu, entre as nuvens e a terra. [Às vezes também se diz relâmpago.]

2 Um raio de luz é um pouco da luz que a gente vê como se fosse um traço, faixa ou linha que saem retos do Sol ou de outra coisa que brilha.

raiva *rai-va*

Nós às vezes sentimos raiva quando não gostamos de alguma coisa que nos acontece, e de um jeito tão forte que dá vontade de gritar e até de empurrar para longe aquilo de que não gostamos.

rapadura *ra-pa-du-ra*

A rapadura é um doce muito duro feito de açúcar marrom.

rapaz *ra-paz*

Um rapaz é um homem novo, ou um adolescente que já está ficando homem adulto.

rápido *rá-pi-do*

1 Se uma atividade ou uma coisa que acontece são rápidas, elas levam pouco tempo, não demoram. A viagem de barco foi rápida, chegamos logo.

2 Se você faz uma coisa rápido, você a termina em pouco tempo. Beto almoçou rápido e foi brincar.

3 Um carro rápido corre muito, quer dizer, anda muito em pouco tempo.

rasgar *ras-gar*

Rasgar um pedaço de papel ou de pano é puxar com força e

fazê-lo separar-se em pedaços menores.

raso *ra-so*

Você diz que a água de um rio, lago, piscina ou praia é rasa se você pode ficar em pé naquele lugar e a água não cobre todo o seu corpo. [O contrário de raso é FUNDO.]

rato *ra-to*

O rato é um animal. Ele tem pelos curtos, dentes pontudos e rabo comprido. Muitos ratos vivem perto das casas das pessoas, ou onde há lixo.

receber *re-ce-ber*

1 Se você recebe uma coisa, ela agora é sua, ou você a tem nas mãos ou pode usá-la, porque alguém a deu, entregou ou emprestou a você. Recebi um presente do meu amigo.

2 Receber também quer dizer que alguma coisa ou alguém chega até você, ou que alguém fala ou faz alguma coisa para você. Vamos receber uma visita lá em casa. Recebi um convite para uma festa.

recreio *re-crei-o*

O recreio é o tempo entre o fim de uma aula e o início da outra, na escola, quando os alunos podem descansar e brincar um pouco.

rede *re-de*

1 Uma rede é feita de fios, linhas ou cordas que se cruzam, mas não muito juntos. A rede é usada para prender e apanhar coisas ou animais, não os deixando passar. Há redes para apanhar peixes, redes que ficam atrás do gol, no futebol, ou que ficam no meio do campo de vôlei, de tênis...

redondo | rei

2 Uma rede também é um tipo de cama de fios ou de pano que se pendura entre duas paredes ou árvores, para nela alguém se deitar.

redondo *re-don-do*

Um desenho redondo ou uma coisa redonda não têm pontas nem cantos. A bola, a roda, as moedas são redondas. A letra O e a letra Q são redondas.

refeição *re-fei-ção*

1 Refeição é a comida que comemos em horas certas, cada dia. O café da manhã, o almoço, o lanche e o jantar são refeições.
2 Refeição é também o tempo em que ficamos sentados à mesa para comer. Sempre sento ao lado do meu irmão nas refeições.

refresco *re-fres-co*

Um refresco é um suco de qualquer fruta, com água e açúcar.

regra *re-gra*

As regras são explicações, e ao mesmo tempo ordens, sobre o que podemos ou não podemos fazer num jogo, na sala de aula ou em outras atividades. Por exemplo, uma das regras do futebol é que os jogadores não podem tocar na bola com as mãos.

régua *ré-gua*

Uma régua é uma peça longa e achatada, de madeira, plástico ou metal, com centímetros marcados na beira. É usada para medir coisas e fazer linhas retas.

rei

O rei é o chefe de um reino. A mulher que casa com um rei vira rainha.

reino | repetir

A filha do rei é uma princesa, o filho é um príncipe. Se o rei morre, o príncipe vira rei, ou a princesa vira rainha.

....

reino *rei-no*

1 Um reino é um país que é governado por um rei ou por uma rainha, e não por um presidente.
2 Todos os animais, aves e insetos no mundo formam juntos o reino animal.
3 Todas as plantas do mundo formam juntas o reino vegetal.

....

relâmpago *re-lâm-pa-go*

O relâmpago é uma luz muito forte que aparece no céu de repente, junto com o barulho do trovão. O relâmpago é a luz do raio.

CABRUM!

relógio *re-ló-gi-o*

O relógio serve para nos mostrar que horas são. Ele pode ser de vários tamanhos e formas, e pode marcar as horas com números ou com ponteiros. O relógio de pulso é pequeno e é usado no pulso.

relógio de pulso

....

remédio *re-mé-di-o*

Remédio é qualquer líquido ou comprimido que a gente toma para ficar bom de uma doença ou de uma dor. Por exemplo, o xarope é um remédio para tosse.

....

repente *re-pen-te*

Quando alguma coisa acontece de repente, ela acontece sem a gente saber que vai acontecer, sem a gente esperar. De repente o bebê começou a chorar.

....

repetir *re-pe-tir*

Se você repete alguma coisa, você a fala ou faz de novo.

réptil | retângulo

Não ouvi direito. **Repete** o que você disse?

réptil *rép-til*
Répteis são todo os animais que andam se arrastando pelo chão, ou que parecem se arrastar quando andam porque têm os pés curtos. As cobras, os jacarés, as tartarugas, as lagartixas são répteis. Os filhotes deles nascem geralmente de ovos.

resfriado *res-fri-a-do*
O resfriado é uma doença leve que faz você espirrar muito, ter tosse ou dor de garganta.

respirar *res-pi-rar*
Quando as pessoas e os animais respiram, eles fazem o ar entrar no corpo, e logo depois o soltam pelo nariz ou pela boca.

responder *res-pon-der*
Quando você responde a alguém que lhe perguntou alguma coisa, você diz alguma coisa de volta para ele ou diz o que ele queria saber. Eles perguntaram se eu queria ir à praia, e eu **respondi** que sim.

resposta *res-pos-ta*
Uma resposta é o que você diz a alguém quando ele lhe pergunta alguma coisa. A minha resposta foi sim.

resto *res-to*
Resto é o que sobra, o que fica de alguma coisa que não comemos, que não usamos ou que não fizemos até o fim. Comemos o resto do feijão no jantar.

retângulo *re-tân-gu-lo*
O retângulo é uma figura de quatro lados – dois lados compridos e dois lados curtos que formam quatro cantos iguais.

reto | rinocerante

reto re-to

1 Uma linha reta ou um caminho reto não têm curvas, ou não se dobram. Você pode fazer uma linha reta com a régua. [O contrário de reto é CURVO.]

2 Se uma coisa está reta, ela não está torta, nem inclinada.

retrato re-tra-to

1 Um retrato é uma imagem de pessoas ou de coisas que a gente consegue fazer usando uma máquina especial, a câmera. Saí no retrato fazendo careta. [Também se diz fotografia ou foto.]

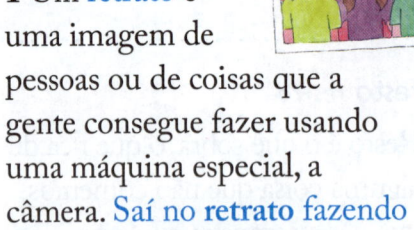

2 Um retrato pode também ser o desenho de uma pessoa, que você faz com lápis ou tinta.

revista re-vis-ta

1 Uma revista é um tipo de livro fino, com histórias, figuras, fotos.

2 Uma revista em quadrinhos é uma revista com histórias em quadrinhos.

riacho ri-a-cho

Um riacho é um rio pequeno.

rico ri-co

Uma pessoa rica tem muito dinheiro e muitas coisas. [O contrário de rico é POBRE.]

rinoceronte ri-no-ce-ron-te

O rinoceronte é um animal muito grande, de pele grossa, com um chifre sobre o focinho.

rio | roça

rio *ri-o*
Um rio é uma grande quantidade de água que corre pela terra, e que vai se juntar a outro rio ou ao mar.

rir
1 Quando você ri, você faz um som com a garganta ao mesmo tempo que sorri. A gente ri quando ouve ou vê alguma coisa engraçada. Rimos muito com as brincadeiras do meu pai.
2 Se as pessoas riem de alguém ou de alguma coisa que não tem graça, elas riem para implicar, como um jeito de falar mal dessa coisa ou desse alguém. Os meninos riram da piada que Ana contou.

risco *ris-co*
Um risco é um traço, uma linha que se faz com lápis, pincel, ou com alguma coisa que tenha ponta fina, num papel ou em outra superfície.

ritmo *rit-mo*
Ritmo é o som que se repete em tempos iguais, como a batida de uma música. Há vários tipos de ritmo. Por exemplo, o samba tem um ritmo diferente do ritmo do baião.

robô *ro-bô*
O robô é uma máquina que faz alguns dos movimentos que uma pessoa faz. Em algumas fábricas, certos trabalhos são feitos por robôs.

roça *ro-ça*
1 Roça é um pedaço de terra no campo com plantações

de milho, mandioca e muitas outras.
2 A roça é também qualquer lugar longe da cidade, com poucas casas, e com plantações ou com fazendas onde se criam animais como vacas e porcos. [Também se diz campo.]

rocha *ro-cha*

Rocha é um material duro que forma as montanhas e que também existe debaixo da terra. Das rochas se tiram o ferro, o ouro e outros metais. Os principais materiais que formam o nosso mundo são as rochas, a água e o ar.

roda *ro-da*

1 As rodas de um carro, de um trem, de uma bicicleta são as partes redondas presas debaixo deles, que servem para fazê-los andar.
2 As máquinas também têm rodas, que servem para movimentá-las.
3 Quando as pessoas fazem uma roda, elas ficam uma ao lado da outra, formando um círculo.

rosa *ro-sa*

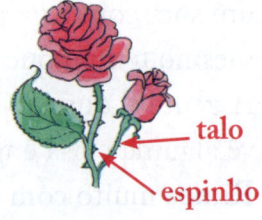

1 A rosa é uma flor de pétalas bem finas e lisas e que tem espinhos no talo. Há rosas de várias cores: amarelas, vermelhas, brancas.

— talo
— espinho

2 O rosa é a cor das rosas vermelho-claras. [Também se diz cor-de-rosa.]

rosto *ros-to*

O rosto é a parte da frente da nossa cabeça, entre a testa e o queixo. No rosto estão os olhos, o nariz, a boca, as bochechas. [Também dizemos cara.]
🔍 pág. 256

roubar | ruim

roubar *rou-bar*

Roubar uma coisa é tirá-la de alguém sem pedir, ou sem essa pessoa querer dar, e ficar com ela.

....

roupa *rou-pa*

As roupas são feitas de pano, ou de pele de animal, ou de algum outro material, e nós as usamos em volta do corpo para não ficarmos nus e para não sentir frio, não pegar muito sol, ou só para enfeitar. Calça, blusa, camisa, saia, vestido são roupas.

....

roxo *ro-xo*

1 O roxo é uma cor. É a cor de algumas flores, e que a gente também vê quando mistura tinta vermelha com azul.
2 Uma mancha roxa na pele é uma parte da pele que fica escura por causa de um machucado.

....

rua *ru-a*

Uma rua é um caminho dentro de uma aldeia ou cidade. Na beira da rua tem casas, uma ao lado da outra. Na rua passam pessoas, bicicletas, carros, ônibus ou caminhões. Muitas vezes, as ruas têm calçada, que é uma parte separada, mais alta e junto das casas, onde as pessoas podem andar a pé.

....

ruim *ru-im*

1 Uma coisa ruim é uma coisa de que a gente não gosta, ou que não faz bem. Uma fruta estragada tem cheiro e gosto ruins.
2 Ruim também é o que está quebrado, não funciona bem, ou que está errado ou malfeito. Um chute ruim.
3 Uma pessoa ruim é uma pessoa má. [O contrário de ruim é BOM.]

sábado | sabor

Ss

sábado *sá-ba-do*

O sábado é um dos dias da semana. Vem depois da sexta-feira. 🔍 **pág. 260**

sabão *sa-bão*

O sabão é usado com água para tirar a sujeira do nosso corpo, das roupas, do chão da casa, dos pratos, dos copos...

saber *sa-ber*

As coisas que você sabe são todas as coisas que você aprendeu, tudo o que as outras pessoas ensinaram ou mostraram a você, ou que você viu ou descobriu sozinho – agora, você pode se lembrar delas para usá-las ou para pensar nelas.

sabonete *sa-bo-ne-te*

Um sabonete é um pedaço de sabão perfumado.

sabor *sa-bor*

O sabor é uma sensação de doce, salgado, azedo ou amargo que sentimos na língua quando colocamos nela alguma coisa. As comidas e as

saci | saída

bebidas têm sabores diferentes. [Também se diz gosto.]

saci *sa-ci*

O saci é um personagem das histórias: um menino de pele escura, que só tem uma perna e usa um gorro. Ele anda pelos caminhos fazendo bagunça, enganando as pessoas ou levando coisas delas.

saco *sa-co*

Um saco serve para guardar e carregar coisas. Ele é mais ou menos comprido e largo e pode ser feito de papel, de pano, de plástico.

sacola *sa-co-la*

Uma sacola é um saco não muito grande e com alças, para carregar coisas.

sacudir *sa-cu-dir*

Sacudir uma coisa é balançá-la com força. Você pode sacudir o galho da árvore para fazer as frutas caírem. A gente às vezes sacode a roupa e os tapetes para tirar o pó ou alguma sujeira.

saia *sai-a*

A saia é um tipo de roupa usada por meninas e mulheres. Fica em volta da cintura e cobre as pernas.

saia comprida   saia curta

saída *sa-í-da*

1 A saída é o lugar por onde se pode passar para sair.
2 Saída é também o que acontece quando alguém sai, vai embora. Os amigos se encontraram na hora da **saída** da escola.

sair | sapo

3 Saída também quer dizer uma coisa que a gente faz para não ficar em dificuldade.

sair *sa-ir*
Sair de um lugar é passar do lado de dentro para o lado de fora. A fumaça sai pela chaminé.

sal
O sal é feito de grãos pequenos e brancos que se tiram da água do mar. Nós usamos o sal para dar um gosto melhor ou mais forte a muitas comidas.

salgado *sal-ga-do*
O gosto salgado é o gosto do sal e das coisas que têm sal. A água do mar é salgada porque há nela muito sal. As comidas só ficam salgadas se alguém põe sal nelas.

salvar *sal-var*
Salvar uma pessoa é tirá-la de um perigo, é não deixar que uma coisa ruim lhe aconteça.

sanduíche *san-du-í-che*
O sanduíche é um tipo de comida. Ele é feito com dois pedaços de pão e, entre eles, pedaços ou fatias de outras comidas, como queijo, carne, verduras, ovo...

sangue *san-gue*
O sangue é um líquido vermelho bem escuro que corre dentro do nosso corpo e no de muitos animais. É o sangue que leva para todas as partes do corpo aquilo de que elas precisam para nós continuarmos vivos.

sapato *sa-pa-to*
Os sapatos servem para cobrir os pés. Eles têm embaixo uma sola, para que o pé não encoste direto no chão.

sapo *sa-po*
O sapo é um animal. Ele tem corpo pequeno, com as pernas

de trás bem compridas, que o ajudam a pular bem.

Os sapos têm veneno, e sua pele não é lisa como a das rãs. Os sapos, as rãs e as pererecas são anfíbios: nascem na água e parecem peixinhos, e quando viram adultos vivem na terra, mas quase sempre perto da água.

saudade *sau-da-de*
Nós sentimos saudade das pessoas de quem gostamos e que não estão conosco. Ter saudade é sentir falta, é ter vontade de estar com essa pessoa, e também alguma tristeza por não poder estar com ela.

saúde *sa-ú-de*
Se você tem saúde, você não está doente, tem força para fazer atividades, e se você se machuca um pouco, logo fica bom.

secar *se-car*
1 Secar uma coisa que estava molhada é tirar dela a água ou outro líquido. Nós podemos secar pratos e copos com um pano; para secar as roupas, nós as penduramos no sol. O calor forte secou a terra.

2 Se um lugar ou uma coisa secam, eles ficam sem água, ou quase sem. O rio secou no verão.
3 Quando a água seca, ela vira vapor, e o lugar onde estava fica seco.

seco *se-co*
[Você fala o primeiro *e* como se escrevesse com Ê.]
Se uma coisa ou um lugar estão secos, não tem água neles, ou tem muito pouca.

sede *se-de*
[Você fala como se escrevesse com sÊ.]
Sede é o que sentimos quando o corpo precisa de água: a boca parece ficar seca e nós temos vontade de beber algum líquido.

segredo | selvagem

segredo *se-gre-do*

Um segredo é uma coisa que outras pessoas não podem saber (e se alguém conta para você, ele pede que você não diga para ninguém).

seguir *se-guir*

1 Seguir é andar num caminho, ou ir para a frente, ou continuar um movimento. Para chegar à cidade, siga nessa estrada.
2 Seguir alguém é ir atrás dessa pessoa, fazer o mesmo caminho que ela faz. Pode ser para aprender o caminho, ou para saber aonde ela vai, o que ela faz.

segunda-feira *se-gun-da-fei-ra*

A segunda-feira é um dos dias da semana. Vem depois do domingo. 🔍 pág. 260

segurar *se-gu-rar*

1 Segurar uma coisa ou uma pessoa é usar as mãos ou os braços para não deixá-las cair ou sair do lugar. Chico tropeçou mas não caiu, porque se segurou no pai.
2 Você também pode segurar algo usando cordas ou outra coisa. Use cola para segurar a folha do caderno.

selfie

1 É uma palavra da língua inglesa. *Selfie* é a ação de alguém tirar uma fotografia de si mesmo, sozinho ou de um grupo no qual ele está, principalmente usando um celular. Vamos parar aqui para uma selfie.
2 *Selfie* também é a fotografia tirada dessa maneira. Vamos tirar uma selfie aqui no jardim.

selva *sel-va*

A selva é uma floresta que não foi plantada por ninguém, e nela vivem animais selvagens, que não foram criados por ninguém.

selvagem *sel-va-gem*

Um animal selvagem vive na selva ou na mata, e não é

manso, não está acostumado a viver perto das pessoas. A onça, o tatu, o tamanduá, a anta são animais selvagens.

semana se-ma-na

1 Uma semana é um tempo que dura sete dias: começa no domingo e acaba no sábado seguinte. Vamos passar a semana na casa da minha tia.
🔍 pág. 260

Os dias da semana são: domingo, segunda-feira, terça-feira, quarta-feira, quinta-feira, sexta-feira, sábado. Para fazer a palavra mais curta, também se diz: segunda, terça, quarta, quinta, sexta.

2 Uma semana também quer dizer sete dias seguidos, começando em qualquer dia. O campeonato começa na sexta-feira e dura uma semana. Você sabe dizer em que dia acaba o campeonato?

semente se-men-te

A semente de uma fruta ou de um fruto é a parte da qual nasce uma nova planta.

sempre sem-pre

1 Se você sempre faz certa coisa, você a faz todos os dias, ou quase o tempo todo. Sempre acordo cedo.
2 Se alguma coisa acontece sempre, ela acontece todo dia, ou todo ano, ou quase o tempo todo. O Natal é sempre em dezembro. [O contrário de sempre é NUNCA.]

sensação sen-sa-ção

Sensação é uma coisa que a gente sente no corpo. Pode ser boa ou ruim. Deitar quando a gente está cansado dá uma sensação boa. A dor é uma sensação ruim.

sentimento sen-ti-men-to

O sentimento é uma coisa que a gente sente, mas não no corpo.

sentir | servir

Vem das coisas que a gente pensa, lembra, ou das coisas que nos acontecem. A felicidade, a raiva, a tristeza são sentimentos.

sentir *sen-tir*

Sentir é ter sensações ou sentimentos. É um jeito de saber ou perceber as coisas que acontecem com a gente, ou dentro da gente, no nosso corpo ou nos pensamentos. Estou me sentindo muito feliz hoje!

separar *se-pa-rar*

Se você separa duas pessoas ou coisas que estão juntas, você põe uma afastada ou longe da outra.

sereia *se-rei-a*

A sereia é um ser que não existe de verdade, que só aparece em histórias: ela é metade mulher (da cintura para cima), metade peixe (da cintura para baixo).

série *sé-ri-e*

1 Uma série é uma fila ou um grupo de coisas que vêm uma depois da outra.
2 A sua série é o ano em que você está na escola. Meu irmão está na quarta série.

sério *sé-ri-o*

1 Uma pessoa séria não ri muito.
2 Se alguma coisa é séria, como um problema ou uma doença, ela é muito ruim e faz as pessoas ficarem preocupadas.

servir *ser-vir*

1 Se uma coisa serve para um trabalho ou atividade, ela pode ser usada para aquilo. A tesoura serve para cortar coisas.
2 Quando você serve uma comida, você põe a comida na mesa ou no prato.

setembro | sinal

setembro *se-tem-bro*

Setembro é um dos doze meses do ano. Tem 30 dias e vem depois de agosto. 🔍 pág. 261

sexta-feira *sex-ta-fei-ra*

A sexta-feira é um dos dias da semana. Vem depois da quinta-feira. 🔍 pág. 260

short

O *short* é uma calça curta que cobre só a parte de cima das pernas.

show

Um *show* é um espetáculo com dança, com música, ou para fazer rir.

silêncio *si-lên-ci-o*

Quando há silêncio, ninguém está falando, nada está fazendo barulho. [O contrário de silêncio é BARULHO.]

simples *sim-ples*

1 Uma coisa simples é fácil de fazer, de usar, ou de entender. É simples montar esse brinquedo.
2 Simples também quer dizer sem muitos enfeites, ou sem coisas caras. Nossa casa é muito simples.

sinal *si-nal*

1 Um sinal é um gesto, ou uma figura, ou um som, ou uma luz, que servem para avisar alguma coisa. Por exemplo, o ponto de interrogação (?) é um sinal que usamos quando escrevemos, para avisar que a frase é uma pergunta. Quando o telefone dá sinal, você ouve o som que avisa que você pode ligar...
2 O sinal de trânsito é um aparelho que se vê nas ruas, com três luzes: verde, amarela e vermelha. Quando o sinal está verde, os carros podem ir ou passar; quando está amarelo, é um aviso de que o sinal já vai ficar vermelho; quando está vermelho, os carros devem

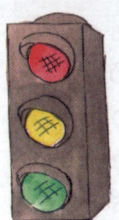

site | só

parar. [Também é chamado de farol ou semáforo.]
3 Sinal também é o nome das manchinhas escuras que temos na pele. [Também se diz pinta.]

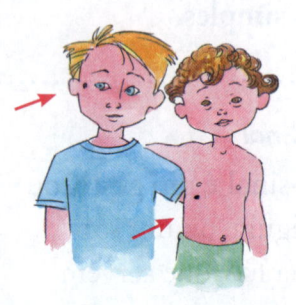

site
[Você fala essa palavra assim: SAIT.]

Site, em inglês, que quer dizer sítio, isto é, lugar. O *site* é um lugar na internet. As pessoas ou organizações (por exemplo, uma escola, um jornal, uma editora) usam o *site* para mostrar suas mensagens, informações etc. Para entrar num *site* você pode usar um computador, tablet ou celular que esteja ligado na internet. Hoje entrei no **site** de minha escola.

sítio *sí-ti-o*
1 Um sítio é uma casa no campo, com jardim, horta, roça ou mato em volta.
2 Sítio também é uma fazenda pequena.

skate
[Você fala essa palavra assim: ESQUÊITE.]
1 *Skate* é uma prancha bem pequena e bem estreita, com rodinhas.

2 *Skate* também é o nome do esporte em que essa prancha é usada para fazer movimentos e pulos difíceis na pista.
🔍 pág. 259

só
1 Só quer dizer a mesma coisa que sozinho. Todos os outros saíram, fiquei **só**.
2 Só também quer dizer que é aquilo que a gente falou, e mais nada. Essa palavra **só** tem duas letras.

sob | sol

sob

A palavra sob quer dizer a mesma coisa que embaixo. Procure a palavra embaixo, na letra E, para saber mais.
🔍 pág. 257

sobrancelha so-bran-ce-lha

A sobrancelha é a linha de pelos que crescem acima de cada olho. 🔍 pág. 256

sobre so-bre

1 A palavra sobre quer dizer a mesma coisa que em cima. Procure a palavra cima, na letra C, para saber mais.
🔍 pág. 257
2 Se você fala sobre uma pessoa, um livro, um filme, você fala deles, o que pensa deles, conta coisas a respeito deles que você sabe ou viu. O livro que ganhei é sobre um menino que é bruxo.

sobremesa so-bre-me-sa

Uma sobremesa é qualquer coisa doce que você come no final de uma refeição, como fruta, bolo, sorvete.

sobrenome so-bre-no-me

O seu sobrenome é um nome que você e a sua família têm. Por exemplo, o nome Oliveira na família dos Oliveira.

socorro so-cor-ro

1 Socorro é a palavra que você grita quando está em perigo, para alguém vir ajudar você.
2 Socorro também é a ajuda que você recebe de alguém quando está em perigo. Um médico prestou socorro à menina ferida.

sol

1 O Sol é uma estrela que vemos grande, como uma bola

sola | sonho

de fogo no céu, porque está perto da Terra (o planeta em que vivemos). O Sol nos dá calor e luz. A Terra gira em torno do Sol.

2 Também chamamos de sol a luz e o calor que recebemos do Sol. Apanhei muito **sol** e fiquei toda vermelha.

sola *so-la*

1 A sola do pé é a parte de baixo do pé. [Também se diz planta do pé.]
2 A sola de um sapato é a parte do sapato que toca o chão.

sólido *só-li-do*

O que é sólido é duro e firme. A madeira e a pedra são sólidas.

som

1 Som é uma coisa que você ouve.
2 O som numa televisão, rádio ou aparelho de CD é o que se ouve através do aparelho.
3 Som é também uma maneira curta de dizer aparelho de som. O toca-fitas e o aparelho de CD são aparelhos de som. O **som** lá de casa está quebrado.

sombra *som-bra*

Uma sombra é um lugar sem luz, mais escuro, porque tem alguma coisa que está na frente da luz e não a deixa passar. Vamos andar pela **sombra**?

Quando uma pessoa, uma árvore, ou qualquer outra coisa fazem sombra, dá para ver no chão a forma delas, como um desenho mais escuro.

sonho *so-nho*

1 Um sonho são imagens e histórias que aparecem para a gente enquanto dormimos.

sono | sozinho

2 Um sonho também é uma coisa que você quer muito ter, ou ser. O sonho do Caco é ser mágico.

sono *so-no*
1 O sono é o estado da pessoa, ou do animal, que está dormindo.
2 Quando alguém está com sono, ele está com vontade de dormir.

soprar *so-prar*
1 Se você sopra, você joga ar para fora, pela boca.
2 Quando o vento sopra, o ar à nossa volta se move.

sorrir *sor-rir*
Quando você sorri, você ri de leve, sem fazer barulho. Você estica os lábios para os lados, e seus dentes se mostram. Saímos todos sorrindo na foto.

sorvete *sor-ve-te*
O sorvete é uma comida doce que se toma congelada. É feito de leite, creme (com chocolate, ou outros sabores), ou de suco de frutas.

sozinho *so-zi-nho*
1 Se você está sozinho, não tem ninguém perto de você, ou não tem ninguém que você conheça e com quem possa conversar. No primeiro dia de aula, eu não conhecia ninguém e me senti um pouco sozinho.

2 Se você faz uma coisa sozinho ou sozinha, você a faz sem precisar da ajuda de outras pessoas. Marta já lê e escreve sozinha.

subir | sumir

subir *su-bir*
Subir é ir para o alto, ou colocar uma coisa num lugar mais alto. O balão de São João **subiu** e sumiu no céu. **Subir** uma escada cansa mais do que descer. **Subiram** a garrafa para o neném não alcançar.

submarino *sub-ma-ri-no*
O submarino é um tipo de navio, todo fechado, feito para poder viajar embaixo da água.

suco *su-co*
1 O suco de uma fruta é o líquido que tem dentro dela. A melancia é cheia de suco, a banana não. O coco tem água dentro dele, mas nós não chamamos de suco, e sim de água de coco.
2 Um suco é também uma bebida feita com o suco que se tira das frutas. A Lola **bebeu** dois copos de suco de laranja.

sujeira *su-jei-ra*
Sujeira é qualquer coisa que a gente acha que deve ser lavada ou jogada no lixo: pó e lama, restos de comida, restos de alguma festa, brincadeira etc.

sujo *su-jo*
O que está sujo está cheio de sujeira, como pó, terra, lama, restos de comida ou de outras coisas. [O contrário de sujo é LIMPO.]

sul
O sul é uma direção. É a direção para onde olhamos, se ficamos com o lado esquerdo do corpo na direção onde o Sol aparece, de manhã.

sumir *su-mir*
1 Se uma coisa some, a gente não consegue vê-la. O Sol **sumiu** atrás da montanha.
2 Nós também dizemos que uma coisa **sumiu** quando não sabemos mais onde ela está. Minha caneta **sumiu**!

suor | susto

suor *su-or*

O suor é um líquido que sai da nossa pele por uns buraquinhos muito pequenos, quando o corpo está muito quente. Pode ser porque nós corremos, porque está calor, ou por causa de febre.

supermercado
su-per-mer-ca-do

O supermercado é uma loja bem grande, onde se vendem muitos tipos de comidas e bebidas, e também outras coisas para a casa, como panelas, vassouras, sabão...

surdo *sur-do*

Uma pessoa surda não ouve os sons, ou não ouve bem quando os sons são fracos. Muitas pessoas surdas sabem se comunicar muito bem, fazendo sinais e gestos com as mãos.

surfe *sur-fe*

O surfe é um esporte. A pessoa fica em pé numa prancha para deslizar sobre as ondas do mar, antes de elas se quebrarem na praia. Quem faz surfe é surfista. 🔍 pág. 258

surpresa *sur-pre-sa*

1 Uma surpresa é alguma coisa que acontece e que a gente não esperava, ou uma coisa que alguém faz ou dá de presente e a gente não sabia ou não imaginava antes.
2 Fazer uma coisa de surpresa é fazê-la sem avisar antes, ou sem deixar alguém se preparar para ela.

susto *sus-to*

Susto é um medo que a gente sente de repente, quando ouve um barulho forte que não esperava, quando vê uma coisa horrível, ou quando fica em perigo de uma hora para outra.

tablet | tamanho

Tt *Tt*

tablet

Tablet como o nome diz, é um aparelho portátil em forma de tablete, com uma tela, que se usa como um pequeno computador, e se maneja principalmente tocando na tela. Usa-se muito para se divertir, com jogos, música, filmes, e pode entrar na internet.

talvez *tal-vez*

Talvez quer dizer que uma coisa pode ser verdade, ou pode acontecer, mas não é com certeza, não dá para saber mesmo.

tamanduá *ta-man-du-á*

O tamanduá é um animal. Ele tem um focinho comprido, não tem dentes e come insetos. O tamanduá vive nas matas do Brasil.

tamanho *ta-ma-nho*

Uma coisa que tem muito tamanho é grande. Uma coisa que tem pouco tamanho é pequena. Se duas coisas têm o mesmo tamanho, uma não é maior nem menor que a outra.

tambor | tarde

tambor *tam-bor*

Um tambor é um instrumento de música. Ele é redondo e faz um som quando se bate nele com um pedaço de pau ou com a mão. O som dele serve para dar o ritmo da música que a gente toca ou canta.

tampa *tam-pa*

Uma tampa é aquilo que a gente usa para fechar ou tapar caixas, panelas, garrafas – serve para proteger, para não deixar o que está dentro sair ou o que está fora entrar.

tangerina *tan-ge-ri-na*

A tangerina é uma fruta. Ela se parece um pouco com a laranja, no tamanho, na cor e no gosto. Ela também tem gomos bem fáceis de separar. [É também chamada de mexerica.]

tapar *ta-par*

1 Tapar uma coisa que está aberta é colocar tampa ou alguma outra coisa por cima ou na frente, para fechar. O barulho era tão forte, que tive que tapar os ouvidos.
2 Tapar um buraco é enchê-lo.

tapete *ta-pe-te*

Um tapete é feito de pano grosso, ou de fios de lã, ou de algum outro material. Ele fica sobre o chão, para enfeitar ou proteger.

tapioca *ta-pi-o-ca*

Tapioca é uma comida preparada com a farinha da mandioca. Pode ser doce ou salgada.

tarde *tar-de*

1 A tarde é uma parte do dia. Ela vem depois da manhã e antes da noite. De tarde, o Sol vai descendo no céu.

tartaruga | tela

2 Chegar tarde a um lugar ou fazer uma coisa tarde é chegar ou fazer depois da hora certa.

....

tartaruga tar-ta-ru-ga

A tartaruga é um animal, um réptil. Ela tem na parte de cima do corpo uma casca muito dura. Vive no mar e vem para as praias deixar os ovos.
Às vezes, as pessoas chamam também de tartaruga o cágado e o jabuti, que são parecidos com as tartarugas, mas vivem na terra.

....

tatu ta-tu

O tatu é um animal, um mamífero. Na parte de cima do seu corpo há algumas partes duras, que formam uma casca que o protege. Ele não tem dentes, tem unhas compridas e cava buracos no chão.

teatro te-a-tro

1 Um teatro é um lugar onde algumas pessoas contam e mostram uma história (a peça de teatro), ou cantam e tocam música, e onde muitas outras pessoas podem se sentar para ver e ouvir.

2 O teatro também é um jeito especial de contar histórias, fazendo de conta que elas estão acontecendo naquela hora, bem na frente das outras pessoas.
Gosto mais de teatro do que de cinema e televisão.

....

teia tei-a

Uma teia é como uma rede, é feita de fios que se cruzam, que passam uns por cima dos outros. As aranhas fazem teias para comer os animaizinhos que ficam presos ali.

....

tela te-la

1 Uma tela é um pedaço de

telefone | temperatura

pano que fica bem esticado. É na tela que são colocadas as tintas e cores dos quadros que os pintores fazem. É na tela do cinema que aparecem as imagens dos filmes.
2 É da tela da televisão ou do computador que sai a luz que forma as imagens.

telefone te-le-fo-ne

Com o telefone, podemos conversar com pessoas que estão em outras casas, ou bem longe, em outras cidades e países. A voz da gente vira eletricidade, viaja pelos fios ou pelo ar, até chegar no telefone que está com a outra pessoa e virar de novo a voz da gente, para a pessoa ouvir.

televisão te-le-vi-são

A televisão é um aparelho que funciona com eletricidade. Ela traz e mostra imagens e sons que chegam de muito longe. Na televisão podemos ver filmes e histórias, ver espetáculos e apresentações de música, além de notícias do que aconteceu em muitos lugares.

telhado te-lha-do

O telhado é uma parte da casa. É a parte que fica no alto, cobrindo a casa, para não deixar a chuva entrar. O telhado é feito de telhas, que são como blocos pequenos de pedra ou de barro.

temperatura tem-pe-ra-tu-ra

A temperatura é o que muda quando uma coisa fica mais quente ou mais fria. Nós podemos senti-la com a pele, mas para medi-la, para saber quanto ela muda, usamos um termômetro. Se a temperatura do corpo de uma pessoa está alta, quer dizer que ela está com febre.

Se a temperatura do ar em algum lugar está alta, quer dizer que está muito calor.

tempestade tem-pes-ta-de
Uma tempestade é uma chuva muito forte, quase sempre com ventos fortes, raios e trovões.

tempo tem-po
1 O tempo são as horas, os dias e os anos que vão passando. O tempo é contínuo, não para nunca de passar. Para contar o tempo do dia, nós temos as horas, os minutos e os segundos. Para contar o tempo do ano, temos os meses.
🔍 págs. 260-261

Há três tipos de tempo: o tempo passado (os dias e anos que já acabaram); o tempo presente (os dias e o ano de agora); e o tempo futuro (os dias e anos que ainda não aconteceram).

2 Também usamos a palavra tempo para falar como estão o céu e o ar à nossa volta. Dizemos que o tempo está bom quando faz Sol, e que o tempo está ruim quando chove.

tênis tê-nis
1 O tênis é um sapato macio, com sola de borracha grossa, especial para fazer esportes. Muitas pessoas usam tênis mesmo quando não estão fazendo esportes.
2 Tênis é também um jogo e um esporte, jogado por dois jogadores numa quadra com uma rede no meio. Os jogadores usam uma raquete para jogar a bola por cima da rede. 🔍 pág. 259

ter
1 Ter quer dizer "ser dono" de alguma coisa. Temos dois cachorros em casa.
2 Ter também é usado para dizer que alguém, ou alguma coisa, faz parte da nossa vida. Tenho dois irmãos.
3 Ter é a mesma coisa que sentir. Tenho muitas saudades dos meus avós.
4 Também usamos ter para dizer a nossa idade. Tenho 7 anos.
5 Ter também quer dizer existir. Tem pessoas que não gostam de gatos. [Aqui podemos também

terça-feira | tesouro

usar há: **Há** pessoas que não gostam de gatos.]

terça-feira *ter-ça-fei-ra*
A terça-feira é um dos sete dias da semana. Vem depois de segunda-feira. 🔍 pág. 260

terminar *ter-mi-nar*
1 Se você termina uma coisa, você a faz até o fim. **Terminei** o dever de casa.
2 Quando uma coisa termina, ela chega ao fim. A aula **terminou** mais cedo hoje. [Também se diz acabar.]

termômetro *ter-mô-me-tro*
O termômetro é usado para saber a temperatura de um pessoa ou de um lugar. Quanto mais quente uma coisa está, mais alta a sua temperatura, maior é o número que aparece no termômetro.

terra *ter-ra*
1 Terra é o chão onde a gente planta árvores e sementes, constrói casas e anda para ir de um lugar a outro.
2 O planeta em que vivemos também se chama Terra [Escreve-se com a letra T maiúscula.] A **Terra** gira em torno do Sol.

tesoura *te-sou-ra*
A tesoura é usada para cortar coisas como papel e pano. Ela tem duas lâminas cruzadas que nós podemos abrir e fechar com os dedos.

tesouro *te-sou-ro*
Um tesouro é uma coleção de coisas que valem muito dinheiro, como joias e moedas de ouro, e que foram guardadas ou bem escondidas.

testa | tirar

testa *tes-ta*

A testa é a parte do rosto que fica entre as sobrancelhas e o cabelo. 🔍 pág. 256

teto *te-to*

1 O teto de uma sala, de um quarto, de uma cozinha, de um banheiro é a parte de cima.
2 O teto de um prédio ou de uma casa é a parte que os cobre e não deixa entrar chuva. [É também chamado de telhado.]

tia *ti-a*

Sua tia é a irmã da sua mãe ou do seu pai, ou é a mulher do seu tio.

tigre *ti-gre*

O tigre é um animal da família das onças e dos gatos, e é muito feroz.

time *ti-me*

Um time é um grupo de pessoas que jogam juntas contra outro grupo.

tinta *tin-ta*

1 Tinta é um líquido, ou uma pasta, branco ou colorido, que se usa para pintar um desenho, um quadro ou uma casa.
2 Tinta também é um líquido que se usa para escrever, tingir roupas, pintar os cabelos, ou imprimir coisas.

tio *ti-o*

Seu tio é o irmão da sua mãe ou do seu pai, ou é o marido da sua tia.

tipo *ti-po*

Se duas coisas são do mesmo tipo, elas pertencem ao mesmo grupo. O beija-flor e o canário são tipos de pássaro.

tirar *ti-rar*

1 Se você tira uma coisa de algum lugar, você faz essa coisa

toalha | torneira

sair de onde estava. **Tiramos os sapatos para molhar os pés no rio.**
2 Se você tira uma coisa de alguém, você pega essa coisa e fica com ela.

toalha *to-a-lha*
1 Uma toalha é um pedaço de pano grosso e macio usado para enxugar o corpo, o rosto ou as mãos.
2 Toalha também é um pano fino com que se cobre a mesa na hora da refeição.

tocar *to-car*
1 Se você toca em alguma coisa, você põe sua mão nela. **Não toque aí, a tinta ainda está fresca!**
2 Quando duas coisas se tocam, elas encostam uma na outra.
3 Quando você toca um instrumento, você faz sons com ele.
4 Quando o telefone toca, ele faz um som para avisar que alguém está ligando para nós.

tomar *to-mar*
1 Tomar é beber. **Tomamos leite na escola.**
2 Às vezes, tomar quer dizer comer. **Você já tomou seu café da manhã?**
3 Tomar uma coisa com as mãos é pegá-la. **Toma o lápis que você me emprestou.**
4 Também usamos tomar para falar de muitas outras coisas que fazemos: tomar banho, tomar sol, tomar cuidado…

tomate *to-ma-te*
O tomate é um fruto que se come cru (em saladas) ou cozido, como molho.

tombo *tom-bo*
Se uma pessoa leva um tombo, ela cai no chão.

torneira *tor-nei-ra*
Uma torneira serve para controlar a saída de água ou de gás de

tornozelo | transparente

um cano. Nos banheiros e nas cozinhas tem torneiras para ligar e desligar a água.

tornozelo *tor-no-ze-lo*
O tornozelo é a parte mais fina da perna. É onde a perna se junta ao pé. 🔍 pág. 256

torrada *tor-ra-da*
Uma torrada é uma fatia de pão que foi torrada na torradeira ou no forno.

tossir *tos-sir*
Quando você tosse, você faz o ar sair pela garganta com força, e de repente, fazendo barulho.

touro *tou-ro*
O touro é um boi bravo. Ele é o pai dos filhotes da vaca, os bezerros.

trabalho *tra-ba-lho*
1 Trabalho é qualquer atividade para a qual a pessoa tem que dedicar tempo e esforço. Por exemplo, cozinhar, limpar a casa, lavar roupas.
2 Tem também o trabalho que as pessoas são pagas para fazer. Por exemplo, o trabalho de um professor, de um vendedor, de um operário.
3 Os alunos também fazem trabalhos que os ajudam a aprender, como desenhar, ler, escrever.

tranquilo *tran-qui-lo*
1 Uma pessoa tranquila fala de modo calmo e faz tudo sem agitação.
2 Um lugar tranquilo é um lugar em que não há muito barulho, nem muito movimento de pessoas ou carros. [O contrário de tranquilo é AGITADO ou MOVIMENTADO.]

transparente *trans-pa-ren-te*
Uma coisa transparente deixa passar a luz. Algumas coisas

travesseiro | trilho

transparentes, como vidro de janelas e lentes de óculos, deixam que a gente veja o que está do outro lado.

....

travesseiro *tra-ves-sei-ro*

Um travesseiro é uma almofada macia, na forma de um retângulo, onde você põe a cabeça na hora de dormir.

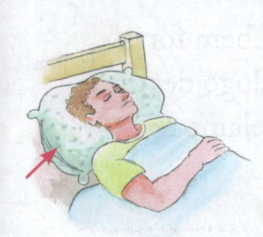

....

trazer *tra-zer*

Se você traz alguém ou alguma coisa, você carrega essa pessoa ou essa coisa com você até o lugar em que você está agora. Prometo que vou trazer seu livro amanhã.

....

trem

Um trem é uma fileira de carros, chamados vagões, presos uns aos outros e puxados por uma máquina chamada locomotiva. Os trens andam em trilhos e carregam passageiros e carga de um lugar para outro.

locomotiva — vagão — trilhos

2 A palavra trem também quer dizer "coisa". Serve para falar daquilo que não sabemos o que é, ou que nome tem. Que trem é esse na sua mão?

....

triângulo *tri-ân-gu-lo*

O triângulo é uma figura que tem três linhas e três cantos.

....

trigo *tri-go*

O trigo é uma planta que dá grãos. Com esses grãos amassados se faz uma farinha que é usada no preparo de pães, bolos, biscoitos, macarrão.

....

trilho *tri-lho*

Um trilho é um pedaço comprido de ferro ou de outro

triste | tubo

metal, feito especialmente para ser o caminho por onde uma coisa roda, anda, desliza. As rodas dos trens e bondes rodam sobre trilhos.

triste *tris-te*

1 Quem está triste não sente vontade de rir, porque não gosta de alguma coisa que lhe acontece. Alice está triste porque vai passar uns dias na cidade e já está com saudades dos avós.
2 Uma história triste é uma história que não acaba bem e dá na gente vontade de chorar. [O contrário de triste é ALEGRE.]

tronco *tron-co*

1 O tronco é a parte mais grossa da árvore. Embaixo do tronco ficam as raízes e, na parte de cima, os galhos e as folhas.

2 Tronco é também o nome de uma parte do corpo das pessoas. É onde ficam o peito, a barriga e as costas.
🔍 pág. 256

trovão *tro-vão*

O trovão é o som bem forte que a gente ouve logo depois que aparece um relâmpago no céu.

tubarão *tu-ba-rão*

O tubarão é um animal, um peixe. Vive no mar. É grande, tem dentes fortes e pontudos e caça outros animais do mar.

tubo *tu-bo*

1 Um tubo é uma coisa comprida e vazia por dentro, que serve para levar um líquido ou um gás de um lugar para outro. Canos e canudos são tubos.

2 Há tubos que servem para guardar pasta de dentes, pomadas, para podermos usar aos poucos.

....

tucano
tu-ca-no
O tucano é um animal, uma ave. É bem colorido e tem bico grande e forte.

....

túnel *tú-nel*
Um túnel é um grande buraco dentro do chão, ou de uma montanha, por onde as pessoas, ou carros ou trens podem passar para ir de um lugar a outro.

....

turma *tur-ma*
1 Na escola, uma turma é um grupo de alunos que têm aula e estudam juntos.
2 Uma turma também é um grupo de amigos, ou qualquer grupo de pessoas que fazem juntas alguma coisa.

último | unha

Uu
Uu

último *úl-ti-mo*

Último é o que vem ou aparece no fim; depois do último não tem mais nada nem ninguém. A última pessoa da fila é a que está atrás de todas as outras. Os últimos minutos do jogo são o final do jogo.

umbigo *um-bi-go*

O umbigo é uma parte do corpo. É um buraco que temos na barriga. Ele é a marca de um tubo ou cordão por onde o bebê, antes de nascer, recebia ar e alimentos dentro da barriga da mãe. 🔍 pág. 256

úmido *ú-mi-do*

Uma coisa úmida não está muito molhada, mas também não está bem seca, porque ainda tem um pouco de água nela. Quando você se enxuga com a toalha, você fica seco e a toalha fica úmida.

unha *u-nha*

A unha é uma parte do corpo que fica na ponta de cada dedo

da mão e do pé. As unhas são duras e crescem sem parar (mas bem devagar). Nelas não tem sangue, e nós podemos cortá-las sem sentir dor.

uniforme u-ni-for-me

Um uniforme é uma roupa especial que todos os alunos de uma escola, ou todos os jogadores de um time usam. Há também uniformes de trabalho.

usar u-sar

1 Usar uma coisa é pegar e mexer nela para poder fazer outra coisa. Para escrever, você pode usar lápis ou caneta.
2 Nós usamos uma parte do corpo quando mexemos essa parte ou fazemos força com ela, numa atividade. Usamos as pernas para andar e a cabeça para pensar.
3 Usar também é juntar uma coisa com outras, para fazer ou preparar algo. Usou um pano velho para fazer a roupa da boneca.
4 Usar também serve para falar das roupas, calçados e enfeites que a gente põe no corpo. A Miriam está usando o uniforme do trabalho.

útil ú-til

Uma coisa útil pode ser usada para fazer o trabalho ficar mais fácil, ou para conseguirmos aquilo de que precisamos.
O fogo é útil para cozinhar.
O lápis é útil para escrever.
Plantas úteis são aquelas que podemos usar para fazer comida, bebida, ou algum remédio.

uva u-va

A uva é uma fruta pequena, um pouco doce e um pouco azeda, que dá em cachos.

vaca | vapor

Vv Ww

vaca *va-ca*

A vaca é um animal. Ela é a fêmea do boi, é a mãe dos filhotes, os bezerros. As vacas são criadas porque o leite e a carne delas podem ser usados como alimentos.

valente *va-len-te*

Uma pessoa valente não sente medo e faz coisas difíceis. Ela foi muito **valente,** entrou no rio para salvar o irmão.

vapor *va-por*

1 O vapor da água é o que você vê saindo de uma panela, quando a água está muito quente ou fervendo. O vapor é bem mais leve do que a água líquida e sobe no ar. A água também pode virar vapor quando está num lugar aberto – só que isso acontece tão devagar, que a gente não vê, mas vê que depois de algum tempo a água secou.
2 Um vapor também é um barco ou navio que tem um motor que usa vapor bem quente.

.. 244 ..

vaso | velho

vaso *va-so*

Um vaso serve para guardar coisas, ou água e outros líquidos. Em vasos também plantamos flores.

vassoura *vas-sou-ra*

A vassoura serve para varrer, para empurrar ou puxar o pó e outras sujeiras que estão no chão. Ela tem um cabo comprido e, na ponta, pelos ou fios grossos, ou galhinhos de plantas.

vazio *va-zi-o*

1 Se uma coisa está vazia, não tem nada dentro dela, ou só ar. Bebemos toda a água, a jarra ficou vazia. **2** Nós dizemos que um lugar está vazio se não há ninguém nele, ou quase ninguém. Hoje a escola estava vazia, vieram poucos alunos.

vegetal *ve-ge-tal*

Vegetal é a mesma coisa que planta. Procure a palavra planta, na letra P, para saber mais e ver uma ilustração.

vela *ve-la*

1 A vela é feita de cera ou de outro material que derrete no fogo. Dentro dela tem um fio. Nós pomos fogo no fio, que vai queimando aos poucos. A vela serve para iluminar. Nós também acendemos velas nas festas de aniversário e em outros dias especiais, tristes ou alegres. **2** Existe uma outra vela, que é o pano bem forte que fica preso nas jangadas e em alguns barcos e navios. Quando o vento sopra...

velho *ve-lho*

1 Uma coisa velha foi feita há muito tempo, ou já é nossa há muito tempo e já foi muito

usada. Meus sapatos estão rasgados, de tão **velhos**.
2 Uma pessoa velha está viva há muito tempo, nasceu há muitos anos.
3 Uma pessoa é mais velha do que outra se nasceu antes; uma coisa é mais velha do que outra se existe há mais tempo. Meu primo é mais **velho** que eu: ele nasceu em maio e eu nasci em junho.

....

vencer *ven-cer*

Vencer é ganhar. Quem vence uma corrida chega na frente. Quem vence um jogo ou uma competição joga melhor ou faz mais pontos do que os outros. Quem vence uma luta consegue derrubar ou prender o inimigo, ou consegue ser mais forte que ele.

....

vender *ven-der*

Vender uma coisa é dá-la a uma outra pessoa, para receber dinheiro em troca. O dinheiro que a outra pessoa paga é o preço dessa coisa.

veneno *ve-ne-no*

O veneno é um líquido que tem dentro de alguma planta ou de algum animal e que, se entra no nosso corpo, pode nos deixar doentes ou até matar. As plantas e animais que têm veneno são venenosos.

....

vento *ven-to*

O vento é o ar que se move. Nós não podemos ver o vento, mas podemos senti-lo na pele e podemos ver as coisas que se mexem quando ele sopra: as folhas das árvores, as bandeiras, os cabelos das pessoas, o pó no chão...

....

ver

Ver é usar os olhos para conhecer as coisas, ou para ficar sabendo o que acontece.

Quando nós vemos, sentimos com os olhos a luz que vem das coisas. (No escuro, não dá para ver.) Os olhos recebem a luz, e alguma coisa acontece lá dentro da cabeça, que faz a gente entender e depois poder lembrar das imagens que viu.

verão ve-rão
O verão é uma das quatro estações do ano. É a parte mais quente do ano.

verdade ver-da-de
1 A verdade sobre alguma coisa é tudo o que aconteceu ou que acontece mesmo, e não coisas que são imaginadas ou inventadas. Você está mesmo falando a verdade? [O contrário de verdade é MENTIRA.]
2 Quando dizemos que alguma coisa é de verdade, queremos dizer que essa coisa não é uma imitação ou um desenho, é a coisa mesmo. Um dos personagens do filme é um cachorro de verdade.

verde ver-de
O verde é uma cor: a cor das folhas das plantas.

vermelho ver-me-lho
O vermelho é uma cor: a cor do sangue.

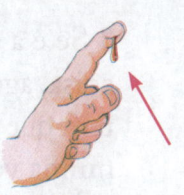

vestido ves-ti-do
O vestido é uma roupa que cobre o corpo e as pernas, usada por meninas e mulheres.

vestir ves-tir
Quando você veste uma roupa, ou se veste, você põe a roupa sobre o corpo. Meu irmão pequeno ainda não se veste sozinho.

vez
1 Usamos a palavra vez depois de um número para dizer com que frequência uma coisa acontece. Vejo os meus avós uma vez por semana.
2 Vez também é a hora, o dia, o mês ou o ano em que alguma coisa aconteceu. A última vez que vi o Pedro foi no domingo.

3 Se é a sua vez de fazer uma coisa, agora você pode fazer ou tem que fazer essa coisa. É a minha **vez** de jogar!
4 Às vezes quer dizer que não é todo dia ou sempre que a gente faz uma coisa, ou que ela acontece. Às **vezes** meus pais me deixam dormir tarde.

viagem *vi-a-gem*

Uma viagem é uma ida ou um passeio para um lugar longe da sua casa.

Certos pássaros fazem longas viagens quando chega o inverno. Vão para lugares quentes, onde tem o alimento de que gostam, mas retornam para casa quando o tempo volta a esquentar.

viajar *vi-a-jar*

Quando você viaja, você vai de um lugar para outro, longe da sua casa.

vida *vi-da*

1 A vida de uma pessoa, de um animal ou de uma planta começa no dia em que eles nascem e acaba no dia em que eles morrem.

Você sabia que o tempo de vida de uma mosca é de um mês, de um golfinho é de mais ou menos 40 anos, e das tartarugas pode ser de mais de 100 anos?

2 Vida também é a maneira como as pessoas vivem: o que fazem, o que comem, como se divertem etc. A **vida** no campo é diferente da **vida** na cidade.

vídeo *ví-de-o*

1 Vídeo é um filme ou programa gravados em fita ou disco.
2 Vídeo é também o aparelho que grava e que mostra esses filmes na tela da televisão. [É também chamado de videocassete, DVD, *blu-ray* etc.]
3 A tela de uma televisão ou um computador também se chama vídeo.

vidro | viver

vidro vi-dro

1 Vidro é um material transparente feito de areia misturada com outras coisas. O vidro é duro, mas é fácil de quebrar. Copos de vidro.

2 Também chamamos de vidro alguns objetos feitos de vidro, que são usados para guardar coisas. Vidro de perfume.

violão vi-o-lão

O violão é um instrumento musical de seis cordas: é uma caixa de madeira com uma parte comprida, chamada braço, onde ficam presas as cordas.

vir

Quando uma pessoa ou uma coisa vêm para o lugar onde você está, elas fazem o caminho até esse lugar. Meus primos vêm para a fazenda no fim de semana.

virar vi-rar

1 Virar é mudar de um lado para outro, de frente para trás, ou de trás para frente. Vire a sua cadeira para cá.

2 Virar também quer dizer passar a ser diferente do que era. A lagarta cresce e vira borboleta.

visitar vi-si-tar

1 Se você visita uma pessoa, você vai à casa dela para vê-la e conversar com ela.

2 Se você visita um lugar, você vai a esse lugar para conhecer o que existe lá.

viver vi-ver

1 Viver é ter vida, é existir. Algumas pessoas vivem mais de 100 anos.

vivo | volta

2 Viver também quer dizer morar. Nós vivemos em Recife, mas somos do Ceará.
3 Se uma pessoa vive fazendo alguma coisa, ela faz essa coisa sempre. A Ana Clara vive brincando com os amigos na praça.

vivo *vi-vo*

Se uma pessoa, um animal ou uma planta estão vivos, eles têm vida, não estão mortos. [O contrário de vivo é MORTO.]

vizinho *vi-zi-nho*

Seu vizinho é a pessoa que mora no apartamento ao lado do seu, ou na casa ao lado da sua, ou perto de você – na mesma rua ou numa rua próxima.

voar *vo-ar*

1 Voar é ir pelo ar, sem encostar no chão. Os pássaros, os morcegos e muitos insetos voam. Balões, aviões e helicópteros também voam. Se você joga uma coisa com força e para cima, ela também voa um pouco.
2 As pessoas também podem voar, mas não sozinhas – só quando viajam de avião, de balão ou de helicóptero, ou com asas especiais (como a asa-delta).

vôlei *vô-lei*

O vôlei é um jogo e um esporte. Os jogadores de um time têm que jogar em até três tempos uma bola por cima de uma rede, sem deixar que ela caia no chão. 🔍 **pág. 259**

volta *vol-ta*

1 Volta é o que acontece quando alguém chega de novo no lugar de onde saiu antes.
2 Uma volta é um caminho ou movimento que chega de novo até o lugar de onde se saiu, ou a posição em que se começou.

voltar | vulcão

Quando o carro ou a bicicleta andam, as rodas dão voltas.
3 Se alguma coisa está **em volta de** outra coisa, ela está em todos os lados dessa outra coisa. **Em volta da** escola tem um muro. Os insetos voam **em volta da** luz. 🔍 pág. 257

4 Dar uma volta também é sair para andar ou passear um pouco.

....

voltar *vol-tar*

1 Voltar é ir ou vir para o lugar de onde a gente saiu, ou para um lugar onde a gente já tinha estado antes. Fui brincar na casa do Miguel e **voltei** para casa de tarde.
2 Voltar a fazer uma coisa é fazê-la mais uma vez, ou continuar, depois de ter parado. Eu e o Miguel paramos para almoçar e depois **voltamos** a brincar.

vontade *von-ta-de*

Vontade é o que a gente sente quando quer alguma coisa. Quando a gente tem vontade ou está com vontade de fazer uma coisa, a gente acha que vai gostar daquilo, ou sente que precisa muito daquilo. Sentir fome é a mesma coisa que ter vontade de comer?

....

voz

1 A voz é o som que as pessoas fazem quando falam, gritam ou cantam. Esse som é feito na garganta, quando o ar passa por ali.
2 Muitos animais também têm voz: fazem sons, quase do mesmo jeito que as pessoas, mas são sons diferentes – os animais não falam. (Nós dizemos que alguns deles cantam: são os passarinhos.)

....

vulcão *vul-cão*

Um vulcão é uma montanha de onde, às vezes, saem muito fogo, fumaça, cinzas, e também lava. (A lava é rocha derretida pelo calor muito grande que faz lá embaixo, muito fundo dentro da Terra.)

....

waffle

[Você fala essa palavra assim: UÓFL.]
Waffle é uma espécie de biscoito grande e mole, que se come com mel, sorvete, geleia etc.

....

wi-fi

[Você fala essa palavra assim: UAI-FAI.]
Na língua inglesa, que quer dizer sem fio. Você pode usar um computador, tablet, celular etc. ligado na internet sem nenhum fio, porque as mensagens chegam pelo ar, num sistema que chamamos de *wi-fi*.

....

windsurf

[Você pronuncia essa palavra assim: UÍNDSARF.]
Windsurf é um esporte no qual o praticante vai em pé numa prancha que flutua na água e que tem uma vela. É o vento principalmente, e não a onda, que dá impulso à prancha.

xadrez | xixi

Xx
Xx

xadrez *xa-drez*

Um desenho xadrez tem muitos quadrados claros e escuros, uns ao lado dos outros.

toalha xadrez   meias xadrez

xampu *xam-pu*

O xampu é um sabão líquido, especial para lavar os cabelos.

xarope *xa-ro-pe*

O xarope é um remédio misturado com água e muito açúcar. Muitos remédios para dor de garganta e para tosse são vendidos em forma de xarope.

xícara *xí-ca-ra*

A xícara serve para nela se beber bebidas quentes. Ela tem uma parte especial por onde podemos segurá-la (a asa) sem queimar os dedos.

xixi *xi-xi*

O xixi é a água que sai do corpo das pessoas e de muitos animais por um buraquinho. O xixi é transparente e amarelado; ele é o resto daquilo que a pessoa (ou o bicho) bebeu e que o corpo não usou.

yakisoba | zero

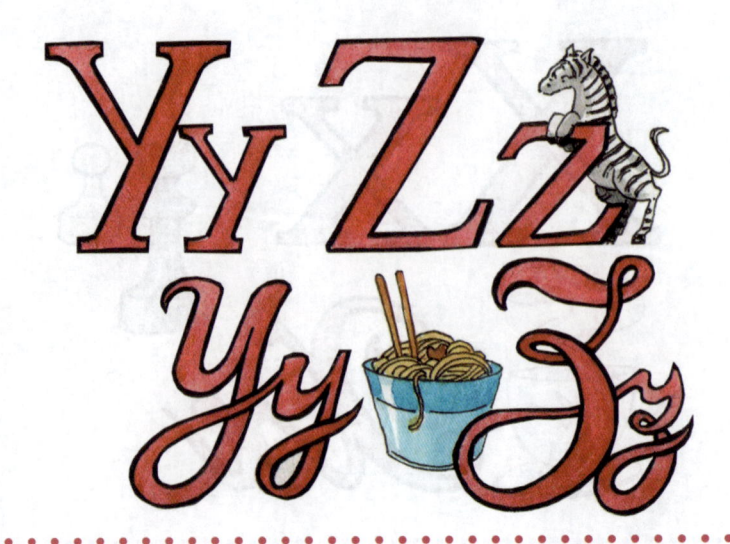

yakisoba
O *yakisoba* é uma prato de comida japonesa, feito com macarrão e legumes, cozidos numa chapa quente.

zangado *zan-ga-do*
Uma pessoa fica zangada com outra quando não gosta nem um pouco de alguma coisa que essa outra pessoa fez.

zebra *ze-bra*
A zebra é um animal que se parece com um cavalo, mas é um pouco menor e tem listras pretas e brancas em todo o corpo.

zero *ze-ro*
1 O zero é um número: um número que não conta, porque quer dizer que não há nada.
2 Zero também é um algarismo: aparece em números como 10 (dez), 20 (vinte), 100 (cem), 101 (cento e um), 203 (duzentos e três), 2.006 (dois mil e seis).

zigue-zague | zumbido

zigue-zague *zi-gue-za-gue*

1 O zigue-zague é uma linha que parece toda quebrada.
2 Andar em zigue-zague é ir para a frente, mas não reto: um pouco para a esquerda, e depois um pouco para a direita, e depois de novo um pouco para a esquerda, e de novo para a direita...

zíper *zí-per*

O zíper serve para fechar e abrir parte de uma roupa ou de uma bolsa. Ele tem duas fileiras de pedacinhos que parecem dentes e que se prendem ou se soltam quando a gente puxa uma pecinha no meio para um lado e para o outro.

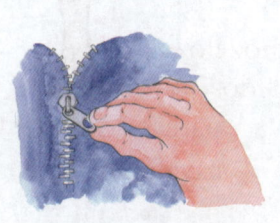

zoológico *zo-o-ló-gi-co*

Zoológico é um jeito mais curto de falar jardim zoológico. Procure a palavra jardim, na letra J, para saber mais.

zumbido *zum-bi-do*

Zumbido é o barulho que moscas, abelhas, besouros e outros insetos fazem quando voam.

corpo humano

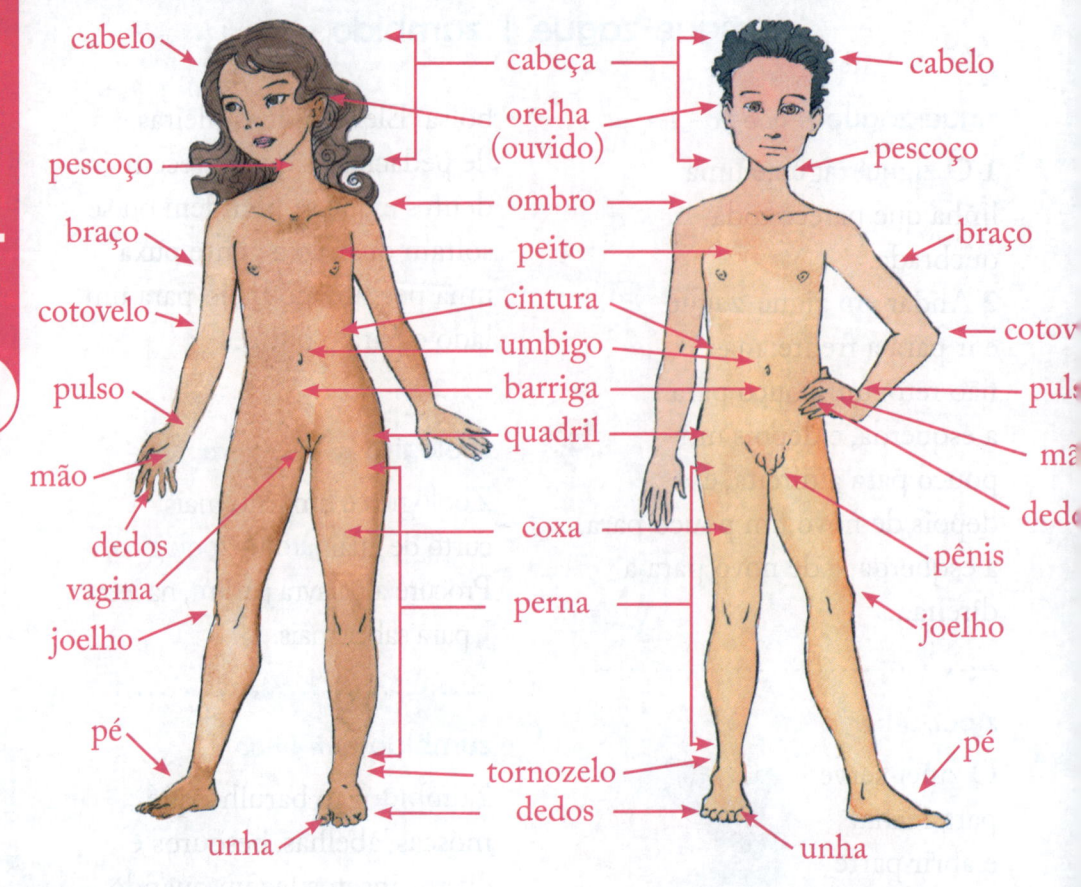

Figura (menina, vista frontal):
- cabelo
- cabeça
- orelha (ouvido)
- pescoço
- ombro
- braço
- peito
- cotovelo
- cintura
- umbigo
- pulso
- barriga
- quadril
- mão
- dedos
- vagina
- coxa
- joelho
- perna
- pé
- tornozelo
- dedos
- unha

Figura (menino, vista frontal):
- cabelo
- pescoço
- braço
- cotovelo
- pulso
- mão
- dedos
- pênis
- joelho
- pé
- unha

rosto

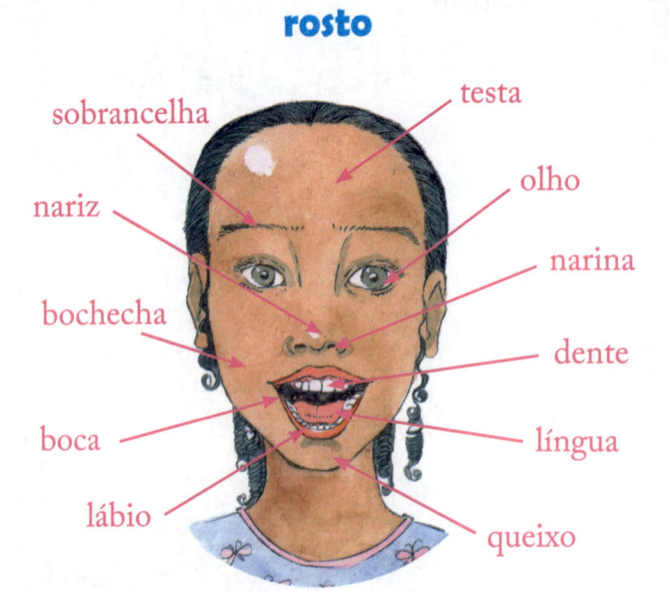

- sobrancelha
- testa
- nariz
- olho
- narina
- bochecha
- dente
- boca
- língua
- lábio
- queixo

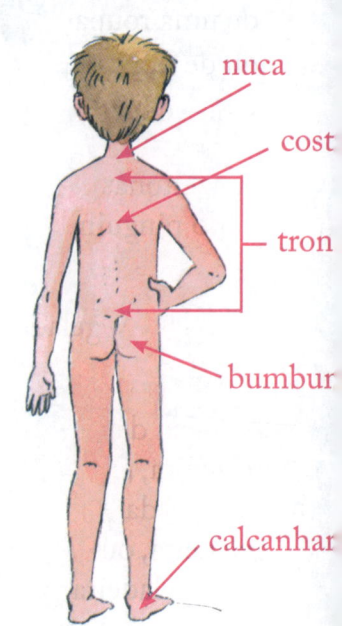

Figura (menino, vista posterior):
- nuca
- costas
- tronco
- bumbum
- calcanhar

.. 256 ..

lugares e posições

(Quadrinhos:)
- O PINGUIM SENTA ALI.
- A BONECA SENTA AÍ.
- MEU ESQUILO FICA AQUI.
- E O MEU IRMÃO FICA LÁ.

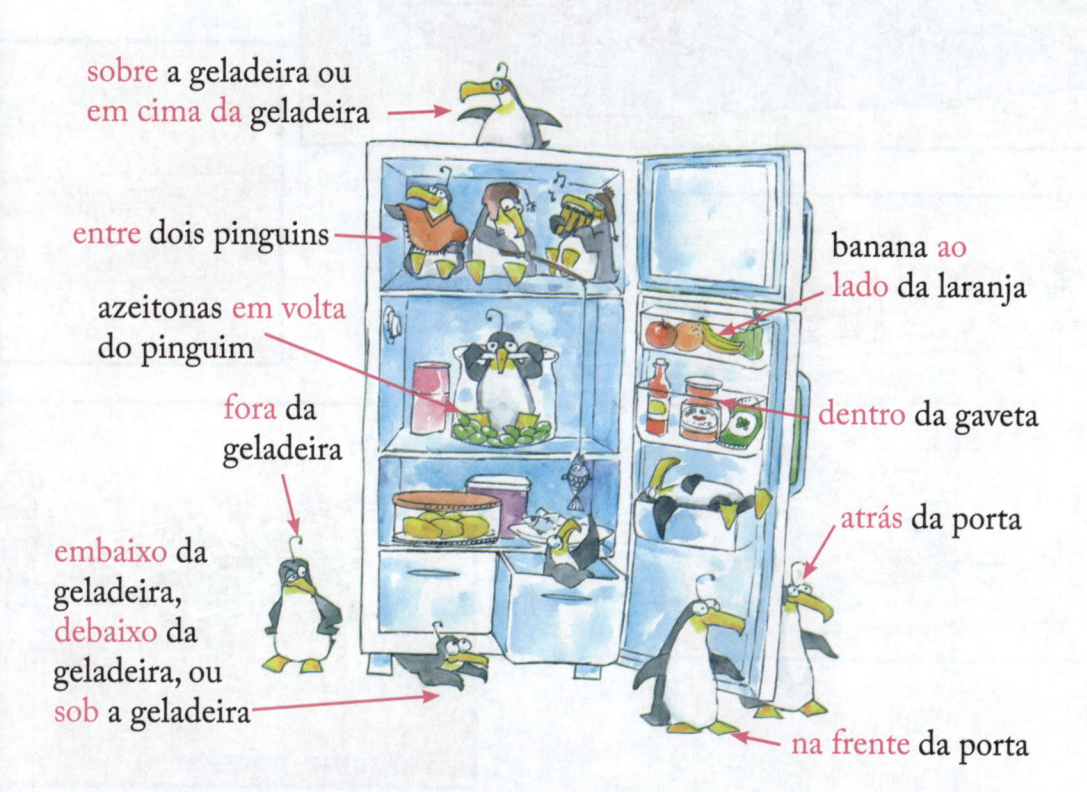

sobre a geladeira ou **em cima da** geladeira

entre dois pinguins

azeitonas **em volta do** pinguim

fora da geladeira

embaixo da geladeira, **debaixo da** geladeira, ou **sob** a geladeira

banana **ao lado da** laranja

dentro da gaveta

atrás da porta

na frente da porta

.. 257 ..

esportes

surfe

judô

basquete

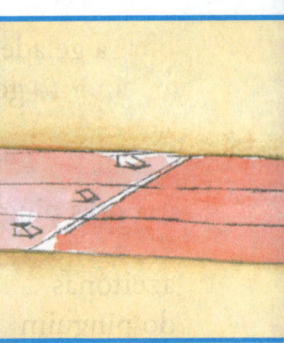

natação

pingue-pongue

vôlei

skate

tênis

atletismo

futebol

números, meses, dias da semana e horas

números

1	um (uma)	primeiro	16	dezesseis	décimo sexto
2	dois (duas)	segundo	17	dezessete	décimo sétimo
3	três	terceiro	18	dezoito	décimo oitavo
4	quatro	quarto	19	dezenove	décimo nono
5	cinco	quinto	20	vinte	vigésimo
6	seis	sexto	30	trinta	
7	sete	sétimo	40	quarenta	
8	oito	oitavo	50	cinquenta	
9	nove	nono	60	sessenta	
10	dez	décimo	70	setenta	
11	onze	décimo primeiro	80	oitenta	
12	doze	décimo segundo	90	noventa	
13	treze	décimo terceiro	100	cem	
14	quatorze	décimo quarto	1.000	mil	
15	quinze	décimo quinto			

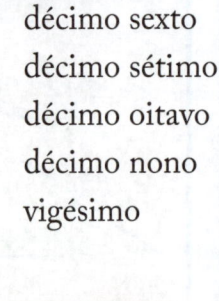

dias da semana

domingo
segunda-feira
terça-feira
quarta-feira
quinta-feira
sexta-feira
sábado

meses do ano

Janeiro	Fevereiro	Março	Abril
31 dias	28 dias (às vezes, 29 dias)	31 dias	30 dias

Maio	Junho	Julho	Agosto
31 dias	30 dias	31 dias	31 dias

Setembro	Outubro	Novembro	Dezembro
30 dias	31 dias	30 dias	31 dias

horas

1 dia = 24 horas • 1 hora = 60 minutos • 1 minuto = 60 segundos

meio-dia

meia-noite

uma e quinze

uma e meia

uma e quarenta e cinco ou quinze para as duas

contrários

pequeno e grande

cheio e vazio

frio e quente

alegre e triste

claro e escuro

sujo e limpo

macho e fêmea

curto e comprido

pouco e muito

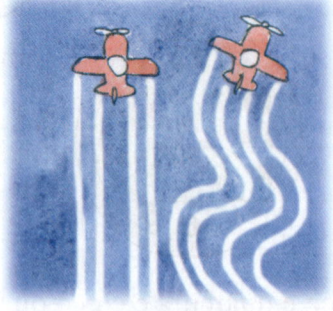

reto e curvo

dia e noite

Crie o seu dicionário!

Crie o seu dicionário!